LE

DROIT PUBLIC

DE L'EUROPE.

LE
DROIT PUBLIC
DE L'EUROPE,

FONDE' SUR LES TRAITEZ
conclus juſqu'en l'année 1740.

TOME PREMIER.

A LA HAYE,
Chez JEAN VAN-DUREN.

M DCC. XLVI.

AVERTISSEMENT.

TOUT le monde fçait que les Traités font les Archives des Nations, qu'ils renferment les titres de tous les Peuples, les engagemens réciproques qui les lient, les loix qu'ils fe font impofés, les droits qu'ils ont acquis ou perdus. Il eft, fi je ne me trompe, peu d'objets auffi intéreffans ; il en eft peu cependant dont la connoiffance foit plus négligée. Comme fi l'on devoit moins aimer à connoître les conditions dont deux Etats font convenus, qu'à fçavoir les détails de leurs guerres, nos Hiftoriens gliffent rapidement fur les Traités ; ils font d'autant moins pardonnables, qu'ils n'ignorent pas combien

peu de perſonnes ſont aſſez cou-
rageuſes pour réparer leur faute,
en oſant affronter la lecture de
nos Corps diplomatiques.

J'ai cru rendre un ſervice important au Public, en lui donnant une analyſe exacte de tous
les Traités qui ont aujourd'hui
force de Loi en Europe. Si je
m'étois borné à ne raſſembler
que les articles qui ſont en vigueur, mon travail n'auroit été
utile qu'aux perſonnes déja inſtruites de la ſuite de toutes les
Négociations, & j'aurois perdu
l'avantage d'offrir un tableau
des divers intérêts politiques qui
ont remué l'Europe depuis un
ſiécle.

Je ne parle point de l'ordre
dans lequel j'ai diſtribué les ma-
tieres que je devois traiter ; le
Public m'apprendra ce que je
dois en penſer. C'eſt auſſi à lui

de juger si par les réflexions &
les remarques que j'ai répandües
dans mes extraits, j'ai atteint au
but que je devois me propoſer.
Ce but eſt de rappeller dans la
mémoire de mes Lecteurs des
faits qu'ils peuvent avoir oubliés, d'être de quelque ſecours
aux perſonnes qui ſe deſtinent
aux affaires, en faiſant remarquer les écüeils contre leſquels
de grands Miniſtres ont échoüé ;
& d'éclaircir quelques queſtions
relatives à l'art de contracter.

Il n'y a que très-peu de Traités antérieurs à la Paix de Weſtphalie, qui puiſſent avoir aujourd'hui quelque influence dans
les affaires. On ſera convaincu
de cette vérité, ſi l'on fait attention à cette foule d'évenemens,
qui depuis un ſiécle, ont changé
la ſituation politique de l'Europe. De nouveaux intérêts ont

exigé de la part des Princes de nouveaux engagemens, & ceux-ci ont détruit les anciens. Je ne parlerai donc de quelques Traités qui ont précedé ceux de Munster & d'Ofnabruch, que quand ils auront été maintenus en vigueur par quelque claufe particuliere.

TABLE
DES MATIERES

Contenuës dans le premier Volume,
avec un Catalogue des Traités,
Conventions, Actes, &c. qui y
font cités.

CHAPITRE I.

C H A P I T R E II.

CHAPITRE III.

Traités particuliers conclus entre les différentes Puissances de l'Europe, depuis la Pacification de Westphalie jusqu'à la guerre de 1701. pag. 123.

b

CHAPITRE IV.

C H A P I T R E V.

CHAPITRE VI.

TABLE DES MATIERES. xxvij

Fin de la Table.

LE

LE DROIT PUBLIC DE L'EUROPE,

FONDE' SUR LES TRAITEZ
conclus jusqu'en l'année 1740.

CHAPITRE PREMIER.

Paix de Westphalie & des Pyrénées.

DÈ s que les opinions de Luther eurent fait de certains progrès en Allemagne, il fut aisé de juger que le zele des Catholiques & l'ambition des Novateurs troubleroient le repos de l'Empire. Ceux-ci las de faire inutilement des remontrances, des plaintes & des demandes, quand ils pouvoient

Tome I.   A

former une armée, conclurent à Smal-
cade une ligue de confédération ; mais
leurs armes ne furent pas heureuses.
La bataille de Muhlberg & la prison
de l'Electeur de Saxe & du Landgrave de Hesse-Cassel auroient ruiné
le Parti Protestant, si le courage de
Maurice de Saxe n'avoit fait renaître
ses espérances, & que la France n'eût
été forcée de susciter des ennemis à
la Maison d'Autriche qui cherchoit à
l'accabler. Les maux qu'on éprou-
voit, & la crainte de ceux ausquels on
touchoit, rapprocherent les esprits.
La paix publique, ou transaction de
Passau, fut signée le 2. Août 1552.
& trois ans après, la paix de Religion
concluë à Ausbourg, défendit aux
deux Partis de se nuire, & permit aux
Allemands la liberté de conscience.

Les Catholiques crurent avoir trop
perdu ; les Protestans ne penserent pas
avoir assez acquis, ou du moins ne
trouverent point leurs droits assez solidement affermis. Les soupçons nour-
rissoient l'aigreur, & dans cette disposition des esprits il étoit d'autant

plus difficile que les conventions de
Paſſau & d'Auſbourg fuſſent reſpec-
tées, que la maiſon d'Autriche à la
fois Catholique par principes de politique & de Religion, ſouffloit elle-
même le feu des guerres civiles. Charlequint forma le projet ambitieux d'aſ-
ſervir l'Empire, les forces lui en parurent redoutables, il ſongea à les divi-
ſer, & même à les ruiner en armant
les Princes du Corps Germanique les
uns contre les autres. A ſon exemple
ſes Succeſſeurs regarderent toujours
les troubles d'Allemagne comme favorables à leurs vûës d'agrandiſſe-
ment, mais moins habiles en faiſant
joüer les reſſorts de la même politique, ils n'en retirerent pas les mêmes
avantages.

Ferdinand II. vit la Boheme ſe
ſoulever contre lui, & les Proteſtans
de l'Empire en appuyant la révolte
de ce Royaume, avertirent les Catholiques de s'armer en faveur de ſon
légitime Maître. Ce Prince ſecondé
des forces les plus conſidérables du
Corps Germanique, vint à bout d'ex-

terminer le parti de Frederic V. Electeur Palatin , que les Rebelles de
Boheme avoient placé sur leur trône.
Le triomphe de la Religion n'étoit
point le principal , ou du moins l'uni-
que objet de Ferdinand , & dans sa
prospérité il n'oublia pas les intérêts
de sa Couronne. Il profita adroite-
ment du zele indiscret des Catholiques qui se croyoient tout permis ou
pour perdre les Novateurs , ou pour
ne pas se défaisir de leurs dépoüilles ;
& à la faveur des haines qui divisoient
l'Empire , il commença à y exercer
un pouvoir arbitraire.

L'Allemagne étoit prête à succom-
ber , & la perte de sa liberté auroit
rendu facile à la Maison d'Autriche
l'exécution de ses projets, lorsque Gustave Adolphe, qui venoit de conclure
une treve de six ans avec la Pologne,
(15. *Septembre* 1629.) sentit à la
fois combien il lui importoit de se
faire un établissement dans l'Empire
pour avoir plus de considération dans
l'Europe , & combien les circonstances lui étoient favorables. Ce Prince

né avec les qualités rarement unies qui font le grand Roi & le Heros, avoit une armée digne de lui. Le Cardinal de Richelieu qui le regardoit comme un instrument dont sa politique alloit se servir pour abaisser la Maison d'Autriche, lui promit des subsides & agrandit ses espérances en flatant son ambition. Les Princes Protestans d'Allemagne lui adresserent en même temps leurs plaintes ; le joug qu'ils portoient, commençoit à être trop pesant pour qu'ils pussent le secoüer sans un secours étranger, & en l'appellant, ils lui promirent d'unir leurs forces aux siennes. Gustave entra donc sur les terres de l'Empire en se déclarant son protecteur & le vengeur de ses loix. Ce fut dans l'Isle de Rugen, où il descendit le 24. Juin 1630. que commencerent les premieres hostilités ; cinq jours apres il passa dans l'Isle d'Usedon.

Cette guerre est une des plus célébres qu'il y ait eu en Europe. Quelle foule de guerriers s'y rendirent illustres! Gustave, Weimart, Horn, Bannier, Tortenſon, Maximilien de Baviere, Tilly, Valſtein, Picolomini, Mercy, Guebriant, Gaſſion, Condé, Turenne, &c. Mais ce qui la rend encore plus mémorable, c'eſt qu'enfin, comme tout le monde le ſçait, preſque toute l'Europe y prit part; qu'elle donna, du moins pour un temps, des bornes à la puiſſance des Princes Autrichiens; & que la paix qui la termina, changea les intérêts de toute la Chrétienté, & a ſervi de baſe à tous les Traités poſtérieurs.

Peut-être que le Cardinal de Richelieu auroit prévenu cet incendie général, ſi ne ſe contentant pas de payer de ſimples ſubſides à la Suede, il eût déclaré la guerre à Ferdinand, dans le temps que Guſtave répandoit la terreur dans le ſein de l'Allemagne; ou que du moins il n'eût pas attendu à prendre cette réſolution que la bataille de Nortlingue eût ruiné les affaires des Suédois. Cette conduite auroit impoſé à la Cour d'Eſpagne, & l'Empereur ſe ſeroit vû obligé de recevoir la loi du vainqueur : au lieu que ce Prince ayant recouvré une es-pece de supériorité après avoir touché au moment de sa ruine , il devenoit plus difficile de le contraindre à de-mander la paix , & à renoncer aux idées vastes des Princes de sa Maison.

La guerre continua avec vivacité , & pendant plusieurs années les Puis-sances ennemies furent trop animées les unes contre les autres pour sentir combien elles achetoient cherement la gloire de vaincre ou de montrér de la fermeté dans les revers. Ce ne fut en quelque sorte que malgré elles , qu'elles signerent à Hambourg le 25 Décembre 1641 , les articles préli-minaires de la paix. Les conférences devoient commencer le 25 Mars de l'année suivante ; l'ouverture en fut cependant différée jusqu'au 10 Juillet 1643 , & la paix après cinq années de négociation ne fut concluë qu'en 1648.

Les Catholiques étoient assemblés à Munster , & les Protestans à Osna-bruch. Tout se traita d'abord dans ces Congrès avec une extrême lenteur.

A 4

Les Plénipotentiaires s'examinoient & se tâtoient mutuellement : chacun d'eux craignoit que son adverfaire ne fe prévalût de fes avances, & même de fa facilité à écouter les premieres propofitions. De-là ces difficultés fans nombre qu'on oppofoit aux ouvertures les plus fimples. Ce n'eft pas cependant à cette conduite feule qu'il faut attribuer la longueur de la négociation de Weftphalie. Il s'agiffoit de débroüiller un cahos immenfe d'intérêts oppofés ; d'enlever à la Maifon d'Autriche des Provinces entieres ; de rétablir les loix & la liberté de l'Empire opprimé, & de porter en quelque forte des mains profanes à l'encenfoir, en enrichiffant les Proteftans aux dépens des Catholiques, pour établir entr'eux une efpece d'équilibre.

Tant que la guerre laiffa à la Cour de Vienne quelque légere efpérance de fuccès, les conditions néceffaires pour affermir la tranquillité publique, parurent impraticables. Bientôt la paix même ne fut plus le premier objet des Négociateurs. Les Miniftres de l'Empereur ne fongerent qu'à féparer d'intérêt la France, la Suede, & le Corps Germanique. A leur exemple l'Efpagne ne tendit par toutes fes démarches qu'à débaucher les Provinces-Unies de l'alliance des François. Rien ne fut oublié de tout ce que la politique la plus adroite & la plus fubtile peut employer pour faire naître des foupçons & des craintes. Enfin il ne fut plus permis de compter fur une paix générale. Il eft vrai que la France & la Suede furent toujours fidellement attachées aux engagemens réciproques qu'elles avoient pris. Chacune de ces Puiffances fentit que l'avantage qu'elle pourroit retirer d'un accommodement particulier, ne feroit qu'un avantage faux & paffager. Ce qui contribua encore à leur union, c'eft que les Princes de la Ligue Catholique fe féparoient infenfiblement de l'Empereur dont ils fentoient la foibleffe, pour chercher dans fes ennemis une protection plus utile. Mais les Provinces - Unies guidées par le même principe d'intérêt, eurent une conduite toute différente ; elles se détacherent des François, & signerent leur paix particuliere le 30 Janvier 1648. Dès-lors l'Espagne se crut trop sure d'humilier la France pour consentir aux cessions qu'on exigeoit d'elle.

L'infidélité des Provinces-Unies excita des plaintes de tout côté ; mais la reconnoissance que cette République devoit à la France, & sur laquelle les Ministres de cette Couronne compterent trop, pouvoit-elle contrebalancer ses intérêts ? Les Espagnols lui accordoient toutes ses demandes ; elle n'avoit rien à espérer en continuant la guerre, & après tout quelques revers pouvoient la priver des avantages qu'elle avoit acquis. D'ailleurs la France par ses propres bienfaits s'étoit rendu redoutable aux Etats Généraux. Ils craignirent ses succès & son voisinage, & commençoient à sentir que l'Espagne n'étoit plus cette Puissance qui avoit fait trembler ses voisins sous les regnes de Charlequint & de son fils.

La paix de l'Empire avec la France & la Suede fut signée le 28 Octobre 1648 : & en conséquence de la convention de Nuremberg du 30 Juillet 1650, Octave Piccolomini d'Arragon, & Charles Gustave, Prince Palatin, Généraux des Armées Imperiales & Suedoises, furent chargés d'en faire exécuter fidellement tous les articles.

Il étoit à craindre que la guerre qui alloit continuer avec plus de chaleur que jamais entre les Cours de France & de Madrid, ne rendît inutile tout ce qu'on avoit fait pendant cinq ans de négociation, & n'excitât un second embrasement dans toute l'Europe. C'est pour prévenir ce malheur, que les Plenipotentiaires de France, (*art. 3, 4 & 5 du Traité de Munster,*) exigerent que l'Empereur & l'Empire s'engageassent à ne donner pendant le reste de la guerre aucun secours direct ni indirect au Roy d'Espagne, quoique ce Prince fût membre du Corps Germanique, par le Cercle de Bourgogne; & de ne point prendre les armes pour terminer les contestations qui pourroient s'élever au sujet de la Lorraine. La France ne négligea rien pour assurer l'exécution de ces importans articles : elle négocia avec succès auprès des Princes les plus puissans de l'Empire, & elle exigea leur garantie par des Traités de ligue & d'alliance, qui furent encore renouvellés plusieurs fois après la conclusion de la paix des Pyrénées.

Les troubles domestiques qui commencerent en 1648 à agiter la minorité de Loüis XIV. n'empêcherent point les François de conserver l'ascendant qu'ils avoient pris sur les Espagnols, depuis la bataille de Rocroy. Si la Cour de Madrid vit évanoüir les esperances qui l'avoient renduë si fiere à Munster, la France qui sentoit son épuisement, étoit lasse de ses triomphes. On convint enfin d'une suspension d'armes, & elle fut signée à Paris le 7 May 1659. Cet empressement du Cardinal Mazarin à faire cesser les hostilités, sur de simples préliminaires, ne fut pas approuvé de tout le monde. Depuis le commencement de la guerre, la France n'avoit point encore eu d'aussi grands succès, & bien des François croyoient que c'étoit les rendre inutiles que de conclure la paix. Les uns, ignorant sans doute combien il est dangereux de changer la crainte de son ennemi en désespoir, vouloient qu'on accablât les Espagnols : les autres plus sages souhaitoient qu'on eût encore traité de la paix les armes à la main, pour rendre plus courtes & plus aisées les négociations définitives. Mais la situation des affaires, &, comme je viens de le faire voir, la disposition des esprits ne rendoient point alors nécessaire la conduite qu'on avoit tenuë pendant les Congrès de Westphalie. Le Cardinal Mazarin & D. Loüis de Haro se rendirent sur la frontiere des deux Royaumes ; & après vingt-quatre Conferences, la paix fut concluë le 7 Novembre 1659 dans l'Isle des Faisans, sur la riviere de Bidassoa.

Le Cardinal Mazarin nous a laissé

dans fes Lettres un détail curieux &
circonftancié de cette négociation.
D. Loüis de Haro n'avoit prefque
aucune connoiffance des affaires de
l'Europe. Naturellement foible, ti-
mide & irréfolu, il ne s'étoit fait aucun principe fixe & certain auquel il
rapportât toutes fes démarches. Mazarin au contraire avoit toutes les qualités qu'on peut defirer dans un négo-
ciateur. Inftruit à fond de toutes les
affaires de l'Europe, il n'ignoroit rien
de ce qui pouvoit regarder les interêts
refpectifs de fon Maître & de l'Efpagne. Tout le monde fçait avec
quelle foupleffe ce Miniftre fçavoit fe
replier, & quelle abondance de ref-
fources fon génie lui fourniffoit dans
une négociation. Ces qualités lui furent inutiles dans les Conferences des
Pyrénées : il ne trouva, à propre-
ment parler, d'autres difficultés à
furmonter, que l'irréfolution de D.
Loüis de Haro qu'il falloit brufquer,
& fa vanité qu'il falloit ménager.

FRANCE.

L'Empereur & l'Empire cedent au Roy de France, pour être réunis à fa Couronne, tous leurs droits fur les Villes & Evêchés de Metz, Toul & Verdun, & fur leurs dépendances, dont Moyenvic, qui eſt nommément exprimé, fait partie. Le droit de Métropolitain appartenant à l'Archevêque de Treves, lui fera conſervé dans toute ſon étenduë. *T. de Munſter entre la France & l'Empire, art.* 70.

L'Empereur, pour lui & pour ſa maiſon, & l'Empire cedent à la France la Ville de Briſac, & les Villages de Hoolſtat, Niederrimſing, Harten & Acharren qui en dépendent. Elle les poſſedera en toute ſouveraineté, de même que la Haute & Baſſe Alſace, le Zuntgau, & la préfecture des dix Villes Imperiales, avec leurs dépendances. Ces pays feront incorporés à perpetuité au Royaume de France, à la charge d'y maintenir la Religion Catholique dans le même état qu'elle y étoit sous les Princes de la Maison d'Autriche. L'Empereur, l'Empire, & l'Archi-duc Ferdinand Charles délient tous les Sujets de ces Provinces cedées, du serment de fidelité ; dérogent à tous & chacun des Decrets, Consti-tutions, &c. qui défendent l'aliéna-tion des droits & des biens de l'Em-pire. Dans la prochaine Diéte, on ra-tifiera de nouveau cette aliénation ; & quelque pacte ou proposition qu'il puisse se faire dans l'Empire d'en re-couvrer les biens & les droits, jamais on n'entendra parler de la presente aliénation. *T. de M. art.* 73 & *suiv.*

Après ce qu'on vient de voir au sujet de la cession de l'Alsace, on est étonné de trouver dans l'article 88 que tous les Etats, Ordres, Villes & Gentilshommes d'Alsace, qui rele-voient immediatement de l'Empire, conserveront leur immediateté, & que le Roy très-Chrétien ne s'arroge-ra sur les Villes de la Préfecture que le simple droit de protection qui ap-partenoit à la Maison d'Autriche. Il

est

eſt évident, comme l'a remarqué le
P. Bougeant dans ſon Hiſtoire de la
paix de Weſtphalie ; que cette clauſe
n'a été miſe ici que pour calmer les
craintes d'une Province que l'Empire
détachoit de ſon Corps. Cette clauſe
qui auroit pû affoiblir la force des articles précedens, ou du moins être
une ſource de diviſions & de querelles, ſi on n'y avoit ajouté aucun cor-
rectif, eſt nulle par elle-même ; puiſque l'Empereur & l'Empire la termi-
nent en déclarant qu'ils n'entendent
point déroger au droit de ſouverain
Domaine qui a été accordé plus haut
à la France.

Il étoit naturel que les Etats immediats qui ſont ſitués en Alſace, vouluſſent faire valoir ce que l'article 88
du Traité de Munſter contenoit de
favorable pour eux. Mais devoit - on
s'attendre que les Miniſtres de l'Empereur Leopold au Congrès de Nimegue, ſongeaſſent à remettre ſur le
tapis l'affaire de l'Alſace ? N'ayant
pû recevoir aucune ſatisfaction des
Plenipotentiaires François, qui refu-

Tome I.   B

ferent conftamment d'entamer même
cette queftion, ils firent une proteftation, foit qu'ils cruffent par-là mettre à couvert les prétentions de l'Empire, ou qu'ils vouluffent feulement ne
conferver à leur Maître qu'un droit
de chicanne, que la politique regarde
quelquefois comme un avantage réel
& folide.

Cette affaire n'a été entierement
terminée qu'en 1697. Voyez plus bas
le Chapitre de la Pacification de Ryf-
wik.

On rafera les fortifications de Ben-
feld, du Fort de Rhinau, de Saverne, du Château de Hohenbar, &
de Neubourg fur le Rhin ; on ne
pourra mettre garnifon dans aucune
de ces Places. Saverne gardera une
exacte neutralité, & donnera un paffage libre aux troupes de France
toutes les fois qu'elle en fera requife.
T. de M. art. 81 & 82. Aux expreffions dont on fe fert dans cet article, on fent aifément que l'Empire
n'a voulu que ménager la délicateffe
des Magiftrats & des habitans de Sa-

verne, en cedant leur Ville au Roy de France.

Ce Prince mettra garnifon dans le Château de Philifbourg. On lui donnera libre paffage pour y envoyer fes troupes, & des munitions; mais il ne prétendra autre chofe que le droit de protection fur cette place. La propriété, la jurifdiction, les émolumens, les fruits, &c. appartiendront toujours à l'Evêque & au Chapitre de Spire. *T. de M. art.* 76 & 77.

L'Empereur & l'Empire cedent à la France tous les droits de fouveraineté & autres, qu'ils ont & peuvent avoir fur Pignerol. *T. de M. art.* 72. Voyez plus bas l'article de la Maifon de Savoye.

La France reftera en poffeffion de tout l'Artois, à la réferve des Villes d'Aire & de S. Omer, & de leur Bailliage. *T. des Pyrénées, art.* 35 & 41. Elle poffedera en Flandre, Gravelines, les Forts Philippe, l'Eclufe, Hannuin, Bourbourg, S. Venant, & leurs appartenances; *T. des*

B 2

P. art. 36 & 41. Dans le Comté de Hainault, Landrecy, le Quefnoy, & tout ce qui en dépend ; dans le Duché de Luxembourg , Thionville , Montmedy, Damvillers, Ivoy, Chavancy-le-Chafteau, & Marville, avec leurs dépendances. *T. des P. art.* 37, 38 & 41.

En échange de la Baffée & de Berg S. Vinox , que la France reftituera aux Efpagnols , elle occupera Marienbourg , Philippeville , & tout ce qui eft de leur diftrict. Avennes fera donnée au Roy très-Chrétien , avec le droit de fouveraineté fur le territoire qui en dépend ; la Cour de Madrid fe chargeant de dédommager le Prince de Chimay des droits , rentes , jurifdiction , &c. qu'il a dans cette Place. Elle s'engage encore à ne conftruire aucune nouvelle fortereffe qui puiffe couper ou embarraffer la communication de ces Places entr'elles, ou avec la France. *T. des P. art.* 39, 40, 41 & 53.

Le Roy de France demeurera en poffeffion , & joüira de tous les pays qui font en deçà des Pyrénées ; & le Roy d'Efpagne de ceux qui font au revers de ces Montagnes. *T. des P. art.* 42 ; *& Convention du* 12 *Décembre* 1660, *paffée entre les deux Puiffances en exécution du Traité des Pyrénées.*

L'Efpagne renonce à tous fes droits prefens & à venir fur les Domaines cedés à la France par le Traité de Munfter, & fur le Comté de Ferrete. *T. des P. art.* 61. Ce Comté ne fut donné à la France que le 16. Décembre 1660, par un Traité conclu à Paris entre Loüis XIV. & Ferdinand Charles, Archiduc d'Infpruk, & confirmé le 4 Juin 1663 par Sigifmond-François, Archiduc d'Infpruk.

Le Roy de France protefte contre toute prefcription & laps de tems, au fujet du Royaume de Navarre, & fe referve la faculté d'en faire la pourfuite par voye amiable, de même que de tous les autres droits qu'il prétend lui appartenir, & aufquels lui ou fes Prédeceffeurs n'ont pas renoncé. *T. de Vervin, rappellé par le Traité des*

Pyrénées, art. 23. *T. des P. art.* 89.
Tous les Auteurs qui ont écrit fur le
Droit Public , conviennent que la
prefcription légitime les droits les
plus équivoques dans leur origine ; &
ce qui prouve la fageffe de ce principe ,
c'eft qu'il eft de l'interêt de chaque Nation en particulier de l'adopter. La
difficulté confifte à fçavoir comment
la prefcription s'acquiert : pour moi
je croirois qu'elle ne peut être établie
que par le filence de la partie lefée
quand elle traite avec le Prince qui
poffede fon bien , ou que celui-ci le
vend , le cede & l'aliene en quelque
autre maniere. Le filence dans ces
occafions équivaut à un confentement.
Il feroit à fouhaiter que les Auteurs
qui ont traité des droits & des prétentions des Puiffances de l'Europe,
fuffent partis de ce principe ; ils n'auroient point tenté de réalifer des chi-
meres que les Etats mêmes, en faveur
de qui ils écrivent, n'ofent avoüer.
N'eft-ce pas une pitié que de parler
encore des prétentions de l'Empire
fur l'Etat Ecclefiaftique , des droits

des Anglois fur la Normandie, & de ceux de la Couronne de France fur les provinces que Charlemagne a poffédées? Pourquoi nourrir l'ambition des Etats & leur jaloufie réciproque! Craint-on qu'ils ne manquent de fujets de querelles, & que la tranquillité publique ne foit trop folidement affermie? Il faut conclure du principe que j'ai établi, que chaque Prince poffede aujourd'hui légitimement les pays qu'on n'a point revendiqués depuis la paix de Weftphalie par quelque acte de proteftation.

Si une Puiffance, telle qu'elle foit, attaque le Roi Très-Chrétien ou le Roi Catholique dans la partie des Terres que chacun d'eux poffede actuellement, ou qu'il poffedera en vertu du traité des Pyrénées, l'autre contractant ne pourra donner aucun fecours à cette Puiffance ennemie, quoiqu'elle fut fon alliée. *T. des P. art.* 3. Cet article eft fage & régulier, fi les Cours de Paris & de Madrid n'ont voulu que fe lier les mains pour l'avenir, c'eft-à-dire, s'ôter la liberté de con-

tracter des engagemens qui leur fuſſent reſpectivement nuiſibles. Mais,
comme quelques perſonnes le prétendent, ſi le Cardinal Mazarin &
Don Loüis de Haro ont voulu que
cette clauſe eût un effet rétroactif ſur
les traités qui ont précedé la paix des
Pyrénées, rien ne ſeroit plus irrégu-
lier ni plus contraire aux principes de
la bonne foi : car la France & l'Eſpagne ſe mettroient néceſſairement
dans le cas de manquer à la convention qu'elles ſtipulent, ou aux engagemens antérieurs qu'elles peuvent
avoir pris avec d'autres Puiſſances.
Je ſçais que certains politiques regardent cette maniere de traiter, comme
une manœuvre habile qui laiſſe à un
Etat la liberté de prendre dans l'occaſion le parti le plus favorable à ſes
intérêts. Mais eſt-il vrai qu'on puiſſe
en retirer ce funeſte avantage ? Un
Prince qui a contracté des engagemens contraires, eſt obligé de remplir les plus anciens, parce que les
autres ſont nuls, & qu'il n'a pas même
pu les prendre. Si les conventions
poſtérieures

poſtérieures annullent les plus anciennes, il eſt inutile que les Nations
traitent enſemble. Il n'y a plus de foi
des traités, tout eſt incertain, & le
droit des gens n'eſt plus qu'un vain
mot vuide de ſens. On tombe encore
dans les mêmes inconvéniens, & tous
les liens de la ſociété générale ſont
rompus, ſi un Prince peut renoncer
à ſes engagemens ſans le conſentement de la Puiſſance avec laquelle il
les a contractés. Il ſemble que ces
principes ayent été ignorés de pluſieurs Miniſtres.

Dans le cas que des Alliés de la
France & de l'Eſpagne euſſent quelque querelle, on tâchera de les con-
cilier à l'amiable. Si les bons offices
ſont inutiles, & qu'on prenne les armes, les ſecours que les deux Couronnes donneront à leurs Alliés, ne
rompront point la paix qui regne entr'elles. *T. des P. art. 3.*

Il n'eſt pas douteux qu'il ne ſoit
permis d'agir hoſtillement contre les
Etats qui prêtent des ſecours à nos
ennemis ; c'eſt la déciſion de Grotius

Tome I.   C

& du judicieux & sçavant Magistrat qui a donné depuis peu un *Essai sur les principes du Droit & de la Morale*. Dans tous les temps on a agi conformément à ce principe, cependant il s'est presque établi en Europe, depuis le commencement de ce siécle, une nouvelle façon de penser sur cette matiere. On a prétendu dans quelques écrits qu'il n'est point permis d'attaquer une Puissance, qui, pour remplir ses engagemens, prête ses forces à nos ennemis. On a vu avec étonnement que des Etats qui se faisoient la guerre avec chaleur, ont cru ou feint de croire, qu'ils étoient toujours amis, parce qu'ils ne prenoient que la qualité d'auxiliaires, & qu'une déclaration formelle n'avoit pas précedé leurs hostilités.

Il ne seroit pas difficile de découvrir ce qui a pu occasionner un pareil changement dans les principes du droit des gens ; mais je ne m'y arrête pas, & je veux seulement examiner s'il est avantageux pour les sociétés de convenir que les secours qu'elles donnent à leurs Alliés, n'altereront point l'amitié & la bonne correspondance qui doit regner entr'elles.

Les Plénipotentiaires qui ont les premiers imaginé cette clause, n'ont sans doute eu d'autre objet que d'affermir la paix, & d'empêcher que la guerre qui s'allume entre deux États, n'étende ses ravages & ne cause un incendie général ; mais j'oserois presque assurer qu'ils se sont trompés dans leurs vûes. Premierement la paix n'est point par là plus solidement établie ; car ce n'est pas une déclaration qui constitue l'état de guerre entre deux peuples, mais les hostilités qu'ils commettent l'un sur l'autre, & les torts qu'ils se font réciproquement. Bien loin en second lieu que les maux de la guerre en soient moins étendus, ils se multiplient au contraire. Tel Prince qui n'auroit osé se mêler dans les querelles de ses voisins, y prendra part, dès qu'il pourra le faire sans s'attirer un ennemi. Les secours qu'il donnera, seront autant d'alimens qui entretiendront un feu qui auroit pu s'éteindre sans cela plutôt & plus facilement.

On aura beau convenir par des traités que les alliés de deux Puissances belligerantes ne seront point regardés comme ennemis, on n'empêchera jamais qu'un Prince ne voye de mauvais œil une nation qui contribue à son malheur, & qu'il ne saisisse la premiere occasion pour s'en venger. Il est comme impossible que les passions aigries & mises en fermentation, ne conduisent enfin à une rupture ouverte.

S U E D E.

L'Empereur & l'Empire cedent à la Suede, comme Fiefs perpétuels & immédiats de l'Empire, toute la Poméranie Citérieure avec l'Isle de Rugen, & dans la Poméranie Ultérieure les Villes de Stetin, Garts, Dam, Golnau, & l'Isle de Wollin avec la Souveraineté sur l'Oder, & sur le Bras de Mer appellé le Frischaff. La Suede joüira encore des Terres adjacentes du Peine, de la Swine & du

Dievenou, depuis leur embouchure jufqu'au commencement du Territoire Royal. *T. d'Of. art.* 10. §. 1.

L'Electeur de Brandebourg poffedera la Poméranie Ultérieure & l'Evéché de Camin. *Ibid.* Il y eut dans la fuite quelques différends entre les Cours de Suede & de Berlin au fujet des limites. Toutes les difficultés furent levées par le Traité de Stetin conclu dans le mois de May 1653. En vertu de cet acte le Roi de Suede partageoit avec l'Electeur le revenu des droits de Péage qui fe levent dans tous les Ports & Havres de la Poméranie Ultérieure. Il feroit inutile d'entrer dans le détail des autres difpofitions prifes dans le Traité de Stetin, elles ont été changées par ceux de Saint Germain-en-Laye & de Stokholm : voyez plus bas la pacification de Nimegue, & le huitiéme Chapitre de cet Ouvrage.

Les titres, qualités & armes de Poméranie feront communs aux Rois de Suede & aux Electeurs Princes de la Maifon de Brandebourg. Au défaut d'hoirs mâles dans la postérité de ceux-ci, la Poméranie Ultérieure & l'Evêché de Camin feront réunis au Domaine des autres. *T. d'Of. art.* 10. §. 1.

Du consentement de l'Empire, l'Empereur donne à la Suede la Ville & le Port de Wismar, avec le Fort de Walfich ; tout le Bailliage de Poël ; à la réserve de quelques Villages qui appartiennent à l'Hôpital du Saint-Esprit de Lubeck ; le Bailliage de Newenclofter, celui de Wilshufen ; l'Archevêché de Bremen & l'Evêché de Verden avec tous les droits qui appartiennent à ces Siéges, fauf les libertés & les priviléges de la Ville de Bremen qui fera confervée dans fon état actuel. *T. d'Of. art.* 10. §. 3.

Il s'éleva des différends entre la Couronne de Suede & la Ville de Bremen. On fit quelques hoftilités, & elles furent terminées par le Traité de Staden conclu le 28 Novembre 1654. Charles Guftave, comme Duc de Bremen, reconnut l'immédiateté de cette Ville à l'Empire, laquelle à son tour s'engagea à lui prêter le même hommage qu'elle avoit rendu à son Archevêque en 1637. *T. de Staden art.* 1. *&* 2. Je n'entre point dans le détail de ce Traité qui appartient au Droit Public d'Allemagne, de même que les Transactions qui ont depuis été passées entre les Ducs de Bremen & la Capitale de cette Principauté.

La Reine Christine & ses Successeurs seront appellés aux Dietes particulieres & générales de l'Empire, sous les titres de Ducs de Bremen, Verden & de Poméranie, de Princes de Rugen, & de Seigneurs de Wismar. Ils prendront leur investiture de l'Empereur, & lui prêteront le serment ordinaire de fidélité. *T. d'Os. art.* 10. §. 4.

A raison des Fiefs que la Couronne de Suede possede en Allemagne, elle joüira du privilege de ne point appeller ; mais à condition qu'elle y établira un Tribunal qui jugera conformément aux loix de l'Empire. *T. d'Os. art.* 10. Il n'y a que les

Electeurs qui ayent dans leurs Etats des Tribunaux de Justice pour juger en dernier ressort ; voyez l'onziéme chapitre de la Bulle d'Or. Les sujets des autres Princes appellent de la sentence de leurs Juges à la Chambre Impériale de Wetzlar ou au Conseil Aulique. Les Electeurs de Treves permettent dans leurs Domaines les appels à la Chambre Impériale ; je ne sçais cependant si en suivant ce qui est prescrit par la Bulle d'Or, on pourroit contraindre un sujet de cet Archevêché à comparoître devant un Juge étranger ; le privilege de ne point appeller n'étant pas accordé seulement aux Electeurs, mais aussi à leurs sujets.

Tous les Etats de l'Empire contribueront pour donner à la Suede en trois payemens, la somme de cinq millions de Rischdalles. *T. d'Os. art.* 16.

LES CATHOLIQUES, LES PROTESTANS, LES RE'FORME'S.

La Transaction de Passau & la paix

de Religion ſerviront de fondement au cinquiéme article du Traité d'Oſnabruch. Il y aura une exacte égalité entre les Electeurs, Princes & Etats de l'une & de l'autre Religion ; & ils ne ſe feront aucun tort. *Tranſ. de Paſſau, chap. 2. art. 3. & 4. Paix de Religion, art. 3. 4. & 5. T. d'Oſ. art. 5. §. 1.*

Les Villes d'Auſbourg, de Dunckelſpiel, Biberach & Ravenſbourg retiendront l'exercice de Religion qu'elles avoient le 1 Janvier 1524. Les Magiſtratures & les Offices publics ſeront partagés en nombre égal entre les Catholiques & ceux de la Confeſſion d'Auſbourg. Si le nombre des Magiſtratures eſt impair, l'une & l'autre Religion aura alternativement un Magiſtrat de plus de ſa Confeſſion. A l'égard des Charges uniques, elles feront tour à tour poſſédées par des Catholiques & par des Proteſtans. Cependant la ville d'Auſbourg ayant un Conſeil ſecret compoſé de ſept Sénateurs, dont deux ont le titre de Préſident, & cinq celui de Conſeillers, il sera permis aux Catholiques d'avoir toujours un Président & trois Conseillers de leur Religion ; mais s'ils abusent de la pluralité des suffrages, les Protestans pourront établir l'alternative. *T. d'Os. art. 5. §. 2.*

On remettra les habitans d'Oppenheim qui professent la Confession d'Ausbourg, en possession de leurs Temples, & dans le même état qu'ils étoient en 1624. Tous les Confessionnistes joüiront du libre exercice de leur Religion. *T. de M. art. 27.*

La Noblesse libre & immédiate de l'Empire joüira dans ses fiefs immédiats, de tous les droits concernant la Religion, qui sont accordés aux Electeurs, Princes & Etats du Corps Germanique. *Paix de Religion art. 15. Traité d'Os. art. 5.*

Les Comtes, Barons, Nobles, Villes, Monasteres, Commanderies, & Communautés qui sont sujets de quelque Etat immédiat Ecclésiastique ou Séculier, Catholique ou Protestant, retiendront le libre exercice de la Religion qu'ils professoient le 1 Janvier 1624. Ceux qui ont un culte différent de celui de leur Souverain, & qui à cette époque ne joüiſſoient pas de l'exercice public, ſeront libres de vacquer à leur Religion dans leurs maiſons, & même d'aſſiſter au Service public qui ſe fera dans leur voiſinage. Ils joüiront d'ailleurs de tous les priviléges civils accordés à ceux de la Religion dominante.

En cas que ceux qui n'avoient le 1 Janvier 1624 ni l'exercice public ni l'exercice privé de leur Religion ; ou que ceux qui dans la ſuite embraſſeront un nouveau culte, vouluſſent changer de demeure, ou y fuſſent obligés par le Seigneur Territorial ; ils vendront à leur gré ou retiendront leurs biens. Ils auront droit de les faire adminiſtrer, & de les aller viſiter ſans avoir beſoin de paſſe-port. Les premiers auront un terme de cinq ans pour ſe retirer, les autres un terme de trois ans, à compter du jour qu'on leur aura ſignifié l'ordre de leur Seigneur Territorial. *T. d'Oſ. art.* 5. §. 12. Les Bénéfices Eccléſiaſtiques demeureront dans l'état où ils étoient le 1 Janvier 1624, c'eſt-à-dire, que les Bénéfices poſſédés alors par des Catholiques, reſteront à perpétuité à ceux de cette Religion. Il en ſera de même des Bénéfices poſſédés le 1 Janvier 1624. par ceux de la Con-feſſion d'Auſbourg. Si déſormais un Bénéficier veut changer de Religion, il ſera obligé de quitter ſon Bénéfice, mais ſans reſtituer aucuns fruits. *Tr. d'Oſ. art. 5. §. 3.*

Dans les lieux de la Confeſſion d'Auſbourg où l'Empereur joüit du droit de premieres Prieres, il ne pourra nommer qu'un Proteſtant. Dans les mêmes endroits le Pape n'aura aucun droit d'Annate, de Pal-lium, de Confirmation, &c. Et qui que ce ſoit qui requerra de ſa part de ſemblables réſerves, ne pourra être appuyé par le bras ſéculier. Les Elus & Poſtulés aux Archevêchés, Evê-chés & autres Prélatures de la Con-feſſion d'Auſbourg, recevront leur inveſtiture de l'Empereur, après que dans l'an ils auront prêté l'hommage

& les fermens ordinaires de fidelité. Dans les lieux mixtes le Pape
confervera fon droit établi à l'égard
des Bénéfices Catholiques. L'Empereur ne pourra exercer fon droit
de premieres Priéres en faveur d'un
Catholique, que fur les Bénéfices
attribués à ceux de la Religion Romaine. *T. d'Of. art. 5. §. 5.*

Les Electeurs, Princes, &c. de
la Confeffion d'Aufbourg poffédéront
tous les biens Eccléfiaftiques dont ils
joüiffoient le 1. Janvier 1624. De
même, les Catholiques, de quelque
qualité qu'ils foient, feront rétablis
& confirmés dans la poffeffion de tous
les biens qu'ils poffédoient à la même
époque dans les Etats des Princes de
la Confeffion d'Aufbourg. *T. d'Of.
art. 5. §. 9.*

Si quelque Electeur, Prince, Seigneur du Territoire, &c. change de
doctrine, ou acquiert, par fucceffion
ou autrement, quelque état qui profeffe
une Religion differente de la fienne ;
il lui fera permis d'avoir dans fa Cour
& auprès de lui des Miniftres de fa

Religion ; mais de façon que cela ne puiſſe être à charge à ſes Sujets , ni préjudicier à leur Religion. Dans le cas que quelque Communauté embraſſât le culte de ſon Prince ou Seigneur , & demandât la permiſſion d'avoir à ſes dépens le même exercice de Religion , le Prince ou Seigneur pourra lui accorder cette grace, & ſes Succeſſeurs ne ſeront pas les maîtres de la révoquer. *T. d'Oſ. art.* 7.

Dans les Aſſemblées ordinaires , ainſi que dans les Diétes générales, le nombre des Députés de l'une & de l'autre Religion ſera égal. Quand une affaire exigera des Commiſſaires extraordinaires , ils ſeront pris parmi les Proteſtans , s'il s'agit d'Etats ou de perſonnes qui profeſſent la Confeſſion d'Auſbourg. Si le differend regarde des Catholiques , les Commiſſaires ſeront Catholiques ; s'il eſt élevé entre des Catholiques & des Proteſtans , les Commiſſaires ſeront des deux Religions en nombre égal. *T. d'Oſ. art.* 5. §. 18.

Le Tribunal de la Chambre Im-

periale fera compofé d'un Juge Catholique , de quatre Prefidens nommés par l'Empereur , & dont deux
profefferont la Confeffion d'Aufbourg ; de vingt-fix Affeffeurs Catholiques , & de vingt-quatre Proteftans. Les Juges du Confeil Aulique
feront pris en nombre égal dans les
deux Religions. Si tous les Catholiques font d'un avis , & tous les Proteftans d'un autre , quand il s'agira de
porter un Jugement, l'affaire à décider
fera renvoyée à la Diéte générale de
l'Empire. *T. d'Of. art.* 5. §. 20.

Les Ducs de Brieg , Lignitz ,
Munfterberg & d'Oels , & la Ville
de Breflau feront maintenus dans les
priviléges dont ils joüiffoient avant
les troubles de Boheme , & dans le
libre exercice de leur Religion. Les
Comtes, Barons, Nobles, &c. qui
profeffent la Confeffion d'Aufbourg
dans les Duchés de Silefie qui dépendent de la Chambre Royale , pourront affifter à l'exercice public de
leur Religion qui fe fera dans leur
voifinage ; & l'Empereur leur permet

de bâtir trois Temples à leurs dépens
près des Villes de Schaveinitz, Jant
& Glogau. *T. d'Os. art. 5. §. 13.*

Les droits qui font donnés aux
Catholiques, & à ceux de la Confeſſion d'Auſbourg, font auſſi accordés aux Réformés. A l'exception de
ces trois Religions, il n'en ſera reçu
ni toleré aucune autre dans l'Empire.
T. d'Os. art. 7. Il y a apparence que
cet article ne regarde que les Sujets,
puiſqu'on n'a fait aucune difficulté au
Duc de Holſtein, héritier préſomptif
de la Couronne de Ruſſie, ſur les
fiefs qu'il poſſede dans l'Empire quand
il a embraſſé la Religion Grecque.

ELECTEURS, PRINCES, & ETATS
DE L'EMPIRE,

Ils auront droit de ſuffrage dans
toutes les délibérations. Sans eux on
ne pourra ni faire de nouvelles Loix,
ni interpréter ou changer les anciennes. Leur conſentement ſera néceſſaire
pour déclarer la guerre, faire la paix,
contracter des alliances, établir des
impôts,

impôts, lever des Troupes & bâtir de nouvelles forteresses au nom du Public sur les terres des Etats. Les Villes libres auront voix décisive aux Diétes particuliéres & générales, elles joüiront de tous leurs droits anciens. Les Electeurs; Princes, &c. pourront faire des alliances entre eux; & avec les Etrangers; pourvû que ces alliances ne soient formées ni contre l'Empereur & l'Empire, ni contre les clauses des Traités de Westphalie. *T. de M. art. 64. T. d'Os. art.* 8.

Le Ban de l'Empire est une des plus importantes matiéres du Droit Germanique. La Bulle d'Or ne dit rien de sa forme; & il est surprenant que les Plenipotentiaires de Westphalie se soient contentés d'ordonner qu'on se conformât aux usages anciens sur cet article, & d'en renvoyer la décision à la prochaine Diéte. On y regla que l'Empereur ne pourroit mettre au Ban aucun Prince ni aucun Etat, sans le consentement des Electeurs. Le Collége des Princes, &

Tome I. D

celui des Villes Imperiales se plai-
gnirent avec raison , & malgré les
écrits dont ils innonderent l'Allemagne , ils n'obtinrent la satisfaction
qu'ils demandoient, qu'à l'avenement
de Charles VI. au Trône Imperial.
Les Electeurs inférerent dans sa Capitulation (*art. 20.*) qu'il ne pourroit prononcer le Ban *sans le sçû &*
consentement des Electeurs , Princes
& Etats de l'Empire. Voici comme
s'exprime ce Prince au sujet des for-
mes ausquelles Il se soumet dans ces
occasions : *Lorsqu'on ira conclure le*
procès , les actes en seront portés à la
Diéte générale , & y seront pris en dé-
liberation , & examinés par quelques-
uns d'entre les Etats députés des trois
Colleges de l'Empire , & ils seront des
deux Religions en nombre égal , &
obligés exprès à cette affaire par ser-
ment. Leur opinion sera rapportée aux
Electeurs , Princes & Etats assemblés
qui prononceront là-dessus la conclusion
finale. La Sentence après avoir été
confirmée par nous ou par notre Com-
missaire, sera publiée en notre nom ; &

l'exécution ne fera autrement achevée & accomplie, que felon la teneur des Reglemens de l'exécution, & par le même Cercle où appartenoit le Profcrit, & où il avoit fon domicile. Nous ne garderons rien de tout ce qui lui fera pris & ôté, ni pour nous mêmes, ni pour notre Maifon, mais le tout fera incorporé à l'Empire ; & avant toutes chofes le parti lefé en fera fatisfait. La même claufe a été mife dans la Capitulation de l'Empereur Charles VII. (*art.* 20.) & elle doit être regardée comme faifant partie des Traités mêmes de Munfter & d'Ofnabruck, les Plenipotentiaires ayant garanti d'avance ce qui feroit décidé fur cette matiére par les Princes de l'Empire. *T. de M. art.* 65. *T. d'Of. art.* 8.

MAISON D'AUTRICHE.

La France payera en trois payemens égaux la fomme de trois millions de livres tournois à Ferdinand-Charles, Archiduc d'Infpruk, après que l'Efpagne aura donné fon confentement à l'aliénation de l'Alface, & des autres Terres cedées par le Traité de Munfter. *T. de M. art.* 89. Ce Prince étant mort, les trois millions furent payés à fon frere Sigifmond-François en 1663, 1664 & 1665.

MAISON DE BAVIERE, MAISON PALATINE, MAISON DE BRANDEBOURG.

La Maifon de Baviere reftera en poffeffion de la dignité Electorale, du Haut Palatinat, & du Comté de Cham qui appartenoient à la Maifon Palatine. En vertu de cette ceffion, elle renoncera à la dette des treize millions qu'elle a prêtés à la Maifon d'Autriche, & qui font hypotéqués fur la Haute Autriche. *T. de M. art.* 11 & 12. *T. d'Of. art.* 4.

La Maifon de Baviere avoit poffédé autrefois la dignité Electorale. Voici comment s'exprime fur ce fujet l'Electeur Maximilien - Emmanuel. dans le Manifefte qu'il publia contre l'Empereur Leopold au commence-

ment de la guerre de 1701. ,, La di-
,, gnité Electorale eſt très-ancienne
,, dans ma Maiſon, ſuivant le Con-
,, cordat qui fut fait à Pavie entre
,, l'Empereur Loüis de Baviere dont
,, je deſcends, & Adolphe fils de
,, Rodolphe de Baviere, frere de
,, l'Empereur Loüis, & auteur de la
,, branche Rodolphine. Cette digni-
,, té qui appartenoit à la Maiſon de
,, Baviere, devoit être poſſedée al-
,, ternativement par les chefs des
,, deux branches qui la compoſoient
,, alors. Quelque tems après ce Con-
,, cordat, l'Empereur Charles IV,
,, ennemi déclaré des Princes de ma
,, branche, publia la Bulle d'Or, dans
,, laquelle il régla que les fils aînés
,, des Electeurs ſuccederoient tou-
,, jours à leurs peres. C'étoit un Prin-
,, ce de la branche Rodolphine qui
,, joüiſſoit de l'Electorat de ma Mai-
,, ſon, quand cette Bulle fut publiée,
,, Son fils prenant droit ſur la Bulle
,, d'Or, ſe maintint en poſſeſſion de
,, l'Electorat, qui ſuivant le Concor-
,, dat de Pavie, devoit paſſer à l'aîné

,, de ma branche. Son ufurpation fut
,, imitée de fes defcendans, malgré
,, les proteftations & les oppofitions
,, de mes ancêtres fi fouvent réiterées
,, & renouvellées en pleine Diéte
,, par le Duc Guillaume de Baviere
,, mon bifayeul.

Il fera créé un huitiéme Electorat
en faveur de la Maifon Palatine. Les
Princes Palatins feront rétablis dans
tous leurs droits, & remis en poffeffion des biens tant Ecclefiaftiques que
Séculiers qu'ils poffedoient avant les
troubles de Boheme. Il faut cependant en excepter ce qui a été cedé par
l'article précedent à la Maifon de Baviere, & quelques Terres que reven-
diquent les Evêques de Spire & de
Worms. Au défaut d'hoirs mâles dans
la Maifon de Baviere, le huitiéme
Electorat des Comtes Palatins du
Rhin fera détruit; & ces Princes rentreront en poffeffion de celui qu'ils
ont cedé aux Ducs de Baviere. Le
Comté de Cham & le Haut Palatinat
feront auffi dans ce cas réunis à leur
Domaine. *T. de M. art.* 13 *& fuiv.*
T. d'Of. art. 4.

Les Traités de Westphalie n'ont rien décidé sur le Vicariat de l'Empire, dans les parties du Rhin & de la Suabe, & de la Jurisdiction de Franconie. A la mort de Ferdinand III. l'Electeur de Baviere prétendit que cette dignité étoit attachée à son Electorat, ou bien au Haut Palatinat dont il étoit en possession. L'Electeur Palatin soutint au contraire qu'elle lui appartenoit en qualité de Comte du Bas Palatinat, & il faut avoüer que la Bulle d'Or étoit favorable à ses prétentions; puisqu'elle dit (chap. 5) que *toutes les fois que le S. Empire viendra à vaquer, l'illustre Comte Palatin du Rhin, Archimaître d'Hôtel du S. Empire Romain, sera Proviseur ou Vicaire de l'Empire, &c.* 1°. Il n'est pas naturel qu'on eût oublié de qualifier le Comte Palatin d'Electeur, si sa qualité de Vicaire eût été attachée à son Electorat. 2°. La Bulle d'Or l'appelle Comte Palatin du Rhin, d'où l'on pourroit inferer que c'est par le Bas Palatinat, & non par le Haut, qu'il étoit Vicaire de l'Empire.

Cette question partagea toute l'Allemagne, & il se présenta inutilement des Arbitres pour la décider. Ces deux Princes ont depuis passé une Transaction, (15 May 1724) par laquelle ils conviennent d'exercer à l'avenir le Vicariat en commun, & d'en établir le siége dans un lieu neutre. Telle en effet a été la forme du Vicariat dans la vacance de l'Empire après la mort de Charles VI. Plusieurs Princes protesterent contre ce Concordat, qui pour avoir force de Loi, auroit dû être revêtu du consentement de l'Empereur & de la Diéte. A la mort de l'Empereur Charles VII. l'Electeur de Baviere son fils, & l'Electeur Palatin ont passé un nouveau Concordat, par lequel ils conviennent d'exercer alternativement le Vicariat.

En exécution du quarante-huitiéme article du Traité de Munster, & du quatriéme article du Traité d'Osnabruck, qui ordonnent de terminer l'affaire de la succession de Juliers indécise depuis 1609, Frederic Guillaume,

Iaume, Electeur de Brandebourg, &
Philippe-Guillaume, Palatin du Rhin,
Duc de Neubourg, fignérent à Cle-
vés le 9. Septembre 1666 un Traité
qui depuis a été confirmé par l'Empereur Leopold.

Le Duc de Neubourg & fes def-
cendans retiendront les Duchés de
Juliers & de Bergue, & les Seigneu-
ries de Winendael & de Brefques.
L'Electeur de Brandebourg & fes def-
cendans pofféderont le Duché de Cle-
ves, & les Comtés de la Marck & de
Ravenfberg. *T. de Cleves*, *art.* 4. Le
Comté de Ravestein fur lequel les
Contractans ne convinrent point en
1666, a depuis été cedé à la Maifon
Palatine.

Les pays de la fucceffion de Juliers
refteront inviolablement alliés. Les
Contractans en porteront à la fois les
titres, & s'en garantiffent mutuellement la poffeffion. *T. de Cleves*, *art.*
6 & 8.

Le Traité de Cleves ne nuira en
aucune façon aux prétentions que
quelques Princes peuvent former fur

Tome I.   E

la succession de Juliers. *T. de Cleves*, *art.* 1. Il semble que cette clause laissant subsister tous les droits de la Maison de Saxe, & des Princes des Deux-Ponts, ne fasse du Traité qu'on vient de voir qu'un accord provisionnel. Mais comment accorder cette clause avec la garantie que se promettent l'Electeur de Brandebourg & le Duc de Neubourg? Ces sortes de contrariétés ne sont que trop ordinaires dans les Traités. Celui de Cleves où il n'est parlé que de la branche Palatine de Neubourg, pouvoit souffrir quelques difficultés à la mort du dernier Electeur Palatin ; elles ont été levées par le Traité que le Prince de Sultzbach a conclu avec le Roy de Prusse, & qui confirme le partage & les autres dispositions de 1666.

En dédommagement de la Poméranie Citerieure cedée aux Suedois, l'Electeur de Brandebourg & ses Successeurs, Princes de sa Maison, tiendront comme Fiefs immediats de l'Empire, l'Archevêché de Magdebourg, sans y comprendre les quatre

Bailliages de Querfurt, Guterbok, Dam & Borck donnés à l'Electeur de Saxe ; les Evêchés de Halfberftat, de Minden & de Camin. La Ville de Magdebourg fera confervée dans tous fes priviléges anciens & nouveaux ; le Bailliage d'Eglen qui appartenoit à fon Chapitre, fera réuni au Domaine du Prince, avec la quatriéme partie des Canonicats. Le Chapitre de Halfberftat ne confervera aucun droit au gouvernement de l'Evêché, & la quatriéme partie de fes Canonicats fera éteinte. Minden confervera toutes fes Prébendes, & toutes celles de Camin feront fupprimées & réunies au Domaine de la Pomeranie Ulterieure. *T. d'Of. art.* 11.

Voyez plus haut dans l'article de la Suede, ce qui concerne la Maifon de Brandebourg pat rapport à la Pomeranie.

MAISONS DE MECKLEBOURG, DE BRUNSWIC - LUNEBOURG, DE HESSE & DE BADE.

Pour dédommager le Duc de Mecklebourg Schverin de la Ville de Wifmar qui eft cedée à la Suede, on lui donnera en Fiefs immédiats, les Evêchés de Schverin & de Ratzebourg, avec privilege d'en réunir à fon Domaine tous les Canonicats, de même que les Commanderies de Mirou & de Nemerau qui appartiennent à l'Ordre de Malte. *T. d'Of. art.* 12.

En 1667. Chriftian-Loüis, Duc de Mecklebourg, fe mit avec fes Etats fous la protection fpéciale de la France, qui lui promit de le défendre contre tous fes ennemis. Le Duc s'engage de fon côté, à aider les François de toutes fes forces, à les recevoir dans fes Etats, à leur permettre d'y faire des recruës & des levées toutes les fois qu'il s'agira de maintenir les difpofitions de la paix de Weftphalie. *T. de Paris du 18. Décembre 1663.*

La Maison de Brunſwic-Lunebourg aura droit de ſucceſſion alternative avec les Catholiques dans l'Evêché d'Oſnabruck, pour avoir cedé les Coadjutoreries de Magdebourg, de Bremen, de Halſberſtat & de Ratzebourg. On lui donne auſſi la Prévôté de Walckenried, & le Monaſtere de Groëningen. On la tient quitte de la dette contractée par le Duc Ulric avec le Roy de Dannemarc, cedée par ce dernier Prince à l'Empereur qui en avoit fait don au Comte de Tilly. *T. d'Oſ. art. 13.*

La Maiſon de Heſſe-Caſſel retiendra l'Abbaye de Hirsfeld avec toutes ſes dépendances, comme la Prevôté de Gelingen, ſauf toutesfois les droits que la Maiſon de Saxe y poſſede de tems immémorial. *T. d'Oſ. art. 15.*

Le Landgrave de Heſſe & ſes Succeſſeurs poſſederont la Seigneurie directe & utile ſur les Bailliages de Schaumbourg, Ruckenbourg, Saxenhagen & Stattenhagen, qui appar-

E 3

tenoient à l'Evêché de Minden. Le droit d'aîneſſe introduit dans les Maiſons de Heſſe - Caſſel & de Heſſe Darmſtadt, ſera inviolablement obſervé. *Tait. de Munſt. art.* 52. & 61. *Trait. d'Oſ. art.* 15.

Par le droit d'aîneſſe on entend dans l'Empire l'indiviſibilité des Etats. *Nous voulons*, dit Charles IV. dans la Bulle d'Or, *qu'à l'avenir & à perpétuité les grandes & magnifiques Principautés, telles que ſont le Royaume de Boheme, la Comté Palatine du Rhin, le Duché de Saxe & le Marquiſat de Brandebourg, leurs Terres, Juriſdictions, Hommages & Vaſſellages, avec leurs Appartenances & Dépendances, ne puiſſent être partagées, diviſées ou démembrées en quelque façon que ce ſoit ; mais qu'elles demeurent à perpétuité unies & conſervées en leur entier. Que le fils aîné y ſuccede, & que tout le domaine & tout le droit appartiennent à lui ſeul.* Pendant long temps il n'y a eu que les Terres Electorales qui ayent joüi de ce privilége.

La préſéance dans les aſſemblées

du Cercle de Suabe, & dans les Diétes générales de l'Empire, sera alternative entre les deux Branches de la Maison de Bade. *T. de M. art. 36.*

ESPAGNE.

Tous les articles du Traité de Vervin conclu le 2 May 1598, ausquels il ne sera pas dérogé par le Traité des Pyrénées, sont de nouveau confirmés & approuvés. *T. des P. art.* 108.

L'Espagne proteste contre toute prescription, & se réserve de faire valoir par des voyes amiables, & non autrement, tous les droits ausquels elle n'a pas expressément renoncé, & qu'elle prétend avoir sur la France. *Trait. de Vervin, art.* 24. *Trait. des Pyr. art.* 90.

Ces réserves, l'ouvrage de l'ambition, ne sont propres qu'à la nourrir. Des droits vieillis sont presque nuls malgré les protestations; c'est-à-dire, qu'on s'accoutume à ne les regarder que comme des prétentions négligées, & qu'on ne manqueroit point d'accuser d'inquiétude & d'injustice un Prince qui songeroit enfin à les faire valoir par la force des armes. Dans le Traité que la France & les Provinces - Unies signerent à Ryswick en 1697, elles renoncerent à toutes leurs prétentions respectives ; qu'il seroit utile que cet exemple fût suivi ! Les circonstances où les Cours de Paris & de Madrid se trouverent pendant la négociation de Vervin, rendirent nécessaires les réserves dont je viens de parler. La France & l'Espagne avoient l'une contre l'autre les plus justes motifs de haine ; elles ne s'étoient point encore fait assez de mal pour se reconcilier sincerement. La paix de Vervin n'étoit donc véritablement regardée par Henry IV. & par Philippe II. que comme une treve nécessaire au bien de leurs affaires, & dont ils ne vouloient profiter que pour s'attaquer dans la suite avec plus de vigueur. Dans ces dispositions il étoit naturel qu'on ne se cédât de part & d'autre que ce qu'on ne pouvoit pas absolument se refuser , & qu'on fit cas de tout ce qui pouvoit être le germe de quelque prétention , & même de quelque rupture. Les choses avoient changé de face quand la paix des Pyrénées fut concluë. Les deux Couronnes lasses d'une vengeance dont elles étoient les victimes , pouvoient faire une paix solide , parce qu'elles avoient éprouvé tous les inconvéniens de la guerre. Peutêtre que le Cardinal Mazarin auroit renoncé aux réserves faites à Vervin , s'il n'avoit pas craint que ses ennemis , toujours attentifs à envenimer ses démarches , ne l'eussent accusé d'avoir trahi les intérêts de l'Etat , & abandonné quelque chose de réel.

Quand l'Espagne dit qu'elle se réserve tous les droits ausquels elle n'a pas *expressément* renoncé, on ne doit point la soupçonner de mauvaise foi ; c'est la même chose que si elle eut dit simplement qu'elle se réservoit les droits ausquels elle n'a pas renoncé : ce qui n'est point expressément marqué dans un Traité, n'y est point du tout. Ce n'est pas que je prétende qu'il ne puiſſe y avoir dans les Traités, comme dans toutes les autres eſpeces de Contrats, des conditions ſous-entendues & qui ſont préſumées ; mais il me ſemble que les politiques ont eu raiſon d'établir entre eux pour principe de n'y point avoir égard. Plus la foi des Traités eſt ſainte, plus il faut écarter avec ſoin tout ce qui peut y donner quelque atteinte. Faut-il expoſer les Traités à devenir le joüet des ſubtilités & des ſophiſmes de l'ambition & de l'intérêt ? Il n'y a plus rien de ſacré entre les nations, ſi l'on admet dans leurs conventions des conditions tacites ; car il n'eſt que trop prouvé pour le malheur des hommes, que leurs paſſions les aveuglent même ſur leurs engagemens les plus clairs & les plus évidens.

Tout le monde ſe rappelle que dans la guerre de 1733 la Cour de France envoya quelques bataillons au ſecours de la Ville de Dantzik, où le Roi de Pologne, Staniſlas I. étoit aſſiégé par l'armée de Ruſſie. Ce foible corps de

troupes fut obligé de capituler, &
l'Officier qui le commandoit, se contenta de stipuler qu'on le transporteroit dans un Port de la Mer Baltique.
L'intention présumée des François
étoit d'être libres, & ils entendoient
certainement qu'on les transporteroit
dans un Port neutre ; cependant le
Comte de Munik les envoya à Petersbourg, où ils furent traités en prisonniers de guerre. Si les conditions
présumées & sous-entendues d'un
Traité ou d'une Capitulation avoient
quelque force, la France & ses Alliés
n'auroient point manqué de se plaindre à la Cour de Russie de la perfidie
de son Général. Tout le monde se
tut ; on se contenta d'accuser d'ignorance l'Officier François, & l'on dit
que le Comte de Munick sçavoit profiter de tous ses avantages.

J'ai cru cette remarque nécessaire
pour justifier les Négociateurs aux
yeux de presque tout le public, qui
recherchant dans leurs Traités une
certaine conscision qui y seroit un
vice énorme, se plaint d'y trouver

des détails qui lui paroissent superflus. On ne peut exprimer avec trop de soin tous les cas particuliers d'un engagement, & en séparer toutes les parties. Les Plénipotentiaires s'en font une loi, à moins qu'il ne s'agisse de rédiger un article par lequel ils n'ont pas obtenu tout ce qu'ils demandoient. Alors ils ne cherchent qu'à se servir de tours & d'expressions vagues & équivoques qui puissent donner lieu à quelque explication. On voit dans les Lettres du Cardinal Mazarin combien il se sçait gré d'avoir tourné quelques endroits du Traité des Pyrénées d'une maniere dont la France pourroit profiter dans de certaines conjonctures.

L'Infante Marie-Therese, fille aînée de Philippe IV. épousera Loüis XIV. *T. des P. art.* 33. ,, Et comme il im-
,, porte au bien de la chose publique
,, & conservation des Couronnes de
,, France & d'Espagne, qu'étant si
,, grandes & si puissantes, elles ne
,, puissent être réunies en une seule,
,, & que dès à présent on prévienne

„ les occafions d'une pareille jonc-
„ tion , leurs Majeftés très - Chré-
„ tienne & Catholique accordent &
„ arrêtent entre elles que l'Infante
„ Marie-Therefe , & les enfans pro-
„ créés d'elle mâles ou femelles , &
„ leurs Defcendans ne puiffent fuc-
„ céder à aucun des Etats qui appar-
„ tiennent à préfent ou pourront ap-
„ partenir dans la fuite à la Monar-
„ chie Efpagnole. La Sereniffime
„ Infante fera avant fon mariage une
„ renonciation formelle à tous fes
„ droits , & elle en fera une feconde
„ conjointement avec le Roi très-
„ Chrétien , fi tôt qu'elle fera épou-
„ fée & mariée. *Contrat de mariage
de Loüis XIV. avec Marie – Therefe
Infante d'Efpagne , lequel fait partie
du Traité des Pyrénées.*

MAISONS DE SAVOYE, DE MANTOUE ET DE MODENE.

Le Traité de Querafque fait le 6
Avril 1631 entre Loüis XIII. &
l'Empereur Ferdinand II. pour l'exé-

cution de la paix d'Italie , demeurera
en toute fa vigueur. Le Duc de Savoye fera maintenu dans la poffeffion
de la partie du Montferrat qui lui a
été cédée. *T. de M. art.* 92. *T. des
P. art.* 94. c'eft-à-dire , que ce Prince
renonce à toutes les prétentions tant
anciennes que nouvelles qu'il peut
avoir fur les Duchés de Mantouë &
de Montferrat , & qu'en dédommagement il fe contentera de poffeder
la Ville de Train , à laquelle on join-
dra des terres qui lui produiront le
revenu annuel de 15 mille 50 écus
d'or. *T. de Querafque art.* 1. *& convention en éxécution de ce Traité.*

Il fera dérogé au Traité de Querafque en ce qui concerne Pignerol
& fon Gouvernement, que le Duc de
Savoye a cédés à la France par des
Traités particuliers ; à fçavoir , le
Traité de Saint Germain-en-Laye du
5 May 1632 , & celui de Turin du 5
Juillet 1632. Il n'eft pas inutile de
remarquer que dès le 31 Mars 1631
la France avoit paffé avec le Duc de
Savoye un Traité fecret , qui lui affu-

roit la poffeffion de Pignerol.

En éxécution du premier article du Traité de Saint Germain-en-Laye, lé Roi très-Chrétien payera au Duc de Mantouë la fomme de 49 mille écus, à la décharge du Duc de Savoye fon débiteur. *T. de M. art.* 93. Les Fiefs de la Rocheveran, d'Olme & de Céfoles feront indépendans de l'Empire, & la Souveraineté en appartiendra aux Ducs de Savoye. *T. de M. art.* 95.

Les Châteaux de Reggiolo & de Luzara avec leur Territoire, feront compris dans l'inveftiture du Duché de Mantouë. Le Duc de Guaftalle fera obligé de les reftituer, mais fans porter préjudice à la rente annuelle de fix mille écus qu'il prétend être dûe & hypotequée fur ces Châteaux. *T. de M. art.* 97.

L'Efpagne confent à ne plus tenir garnifon dans Correggio, & promet d'engager l'Empereur à en donner l'inveftiture au Duc de Modene dans la même forme qu'il la donnoit aux Princes de Correggio. *Traité des Pyr. art.* 97.

MAISON DE LORRAINE.

Le Roi très-Chrétien confent à rétablir le Duc Charles IV. de Lorraine dans fes Etats, à la réferve de Moyenvic, Ville Impériale, qui a été réunie au Domaine de France par le Traité de Munfter ; du Duché de Bar ; des Villes de Stenai, Dun, Jametz & de leur Territoire. Les fortifications de Nancy feront démolies. Les Ducs de Lorraine défarmeront, & toutes les fois qu'ils en feront requis, ils feront tenus à donner le paffage aux troupes de France pour communiquer des trois Evêchés en Alface. Enfin en cas que le Duc de Lorraine refufe d'accepter quelqu'une de ces conditions, ou y contrevienne dans la fuite, le Roi de France reftera, ou rentrera en poffeffion de la Lorraine. *Trait. des P. art.* 62. *& les* 16 *fuivans.*

Ces conditions ne laiffoient en quelque forte au Duc de Lorraine que le vain titre de Souverain. On
youloit

vouloit le punir de ses infidélités, &
prévenir les dangers que son inconf-
tance faisoit craindre. Pressé cependant par les plus vives sollicitations,
le Cardinal Mazarin consentit par le
Traité de Vincennes du 28 Février
1661, de rendre au Duc de Lorraine
Dun & le Duché de Bar, à condition
que la France resteroit saisie de Sirk
& de trente Villages de sa Dépendance; qu'elle posséderoit en toute
Souveraineté Caufinan, Saarbourg,
Phalsbourg, & les Dépendances de
Marville qui appartiennent au Barois;
& qu'elle acquerroit sur le Château
& sur la montagne de Montclair les
droits dont les Ducs de Lorraine
joüissent par indevis avec les Electeurs de Treves. Il seroit trop en-
nuyeux de nommer ici tous les lieux
dont le Duc de Lorraine cede à la
France la propriété & la souverainè-
té, & qui formoient un chemin par
lequel le Roi pouvoit faire marcher
ses troupes de Metz en Alsace, sans
toucher les Etats du Duc de Lorraine; ce chemin avoit demi lieuë de

Tom. I.   F

large, & trente lieuës de long.

En conféquence des droits que le Roi de France venoit d'acquerir fur le Château & la Montagne de Montclair, il fit à Fontainebleau le 12 Octobre 1661 un Traité avec l'Electeur de Treves. Il fut convenu que le Château de Montclair feroit démoli fans pouvoir jamais être rétabli.

Le Duc de Lorraine n'eut pas plûtôt foufcrit aux conditions du Traité de Vincennes, qu'il s'en repentit. Tout ce qui pouvoit changer fa fituation, lui paroiffoit avantageux. Il entama une négociation qui finit par le Traité le plus extraordinaire, & que tout le monde connoît, le Traité de Montmartre du 6 Février 1662. Les Duchés de Lorraine & de Bar devoient être unis & incorporés au Royaume de France après la mort de Charles IV. à condition que tous les Princes de fa Maifon feroient aggregés à la Famille Royale, & déclarés habiles à fucceder à la Couronne, felon leur rang d'aîneffe, après les Princes de la Maifon de Bourbon. En attendant cette réunion, le Roi de France devoit commencer par mettre garnifon dans Marfal.

Ce Traité n'eut pas lieu, & pour terminer enfin tous les différends au fujet de la Lorraine, on figna un nouvel accord à Metz le 31 Août 1663. Le Roi devoit être mis en poffeffion de Marfal, avec claufe de le rendre dans un an au Duc de Lorraine, après en avoir fait fauter les fortifications, ou de le conferver en donnant un équivalent. Le Traité de Vincennes fut confirmé dans tous fes articles, excepté qu'il étoit permis au Duc de fermer Nancy d'une fimple muraille.

PROVINCES-UNIES.

Philippe IV. Roi d'Efpagne, reconnoît la liberté, l'indépendance & la Souveraineté des Provinces-Unies, renonce à tous fes droits fur elles, & en conféquence traite avec les Etats-Généraux. *Traité de Munfter entre l'Efpagne & les Provinces-Unies, art.* 1. Mais on peut demander fi les Etats

Généraux & les sept Provinces ont acquis en vertu de ce Traité, les droits & les prétentions que les Rois d'Espagne formoient sur quelques-uns de leurs voisins en qualité de Ducs de Gueldre, de Comtes de Hollande, &c. Je crois avoir donné plus haut la solution de cette question, en parlant des conditions tacites & présumées d'un Traité. Les Etats Généraux des Provinces - Unies & les Etats particuliers de chacune de ces Provinces ayant négligé de stipuler qu'ils étoient mis au lieu & place des Rois d'Espagne, n'ont acquis simplement que le droit de se gouverner par eux-mêmes. Tout ce qui est par-delà, est demeuré aux Rois d'Espagne & à leurs Successeurs dans la souveraineté des Pays-Bas.

Au dehors du district des Provinces-Unies, les Etats Généraux posséderont la Ville & Mayerie de Bois-le-Duc, les Villes de Berg-op-zoom, Breda, Mastricht avec leur ressort; le Comté de Vroonhoff, Grave, le Pays de Kuik, Hulst & son Bailliage,

Hulfter-Ambacht , Axele-Ambacht.
A l'égard des trois quartiers d'Outre-
meufe , fçavoir Dalem , Fauquemont
& Roleduc , ils demeureront en l'état
auquel ils fe trouvent à préfent , & en
cas de conteftation , il en fera décidé
à l'amiable. *T. de M. art. 3.*

En effet , il s'éleva des différends
entre l'Efpagne & les Provinces-
Unies au fujet de ces trois Quartiers.
On fit un accord le 25 Fevrier & le
27 Mars 1658 , par lequel on convenoit qu'ils feroient partagés en deux
parties égales entre l'Efpagne & les
Etats-Généraux. L'année fuivante ces
deux Puiffances fignerent encore à la
Haye le 13 Décembre un Traité par
interim. Ce ne fut que le 26 Décembre 1661 que cette affaire fut terminée par un Traité définitif figné à la
Haye. On fit un nouveau partage. Le
Roi d'Efpagne devoit poffeder le Pays
de Fauquemont & de Dalem , & la
Ville & le Château de Roleduc. Les
Villes & Châteaux de Fauquemont
& de Dalem , & le Pays de Roleduc
demeuroient aux Provinces - Unies.

Pour avoir une connoiſſance préciſe
de ce partage, il faudroit nommer
tous les Villages, Bourgs, &c. qui
ſont donnés à chacun des Contractans ; mais ce détail qui eſt très-long,
eſt trop peu intéreſſant pour trouver
place ici.

Les Eſpagnols ni les Etats Généraux ne pourront conſtruire aucun
nouveau Fort dans les Pays-Bas, ni
y creuſer des canaux qui pourroient
nuire à l'un des Contractans. Le Roi
Catholique fera démolir les Forts
Saint Job, Saint Donas, l'Etoile,
Sainte Thereſe, Saint Frederic, Sainte Iſabelle, Saint Paul, & la Redoute
appellée Papemutz. Les Etats Généraux démoliront de leur côté les deux
Forts ſitués dans l'Iſle de Caſant,
nommés Orange & Frederic ; les
deux Fors de Pas, & tous ceux qui
ſont ſur la Riviere Orientale de l'Eſ-
caut, excepté Lillo & Kieldrecht appellé Spinola. *Trait. de M. art.* 58.
& 68.

Le Roi d'Eſpagne renonce à tous
les droits qu'il peut avoir ſur la Ville

de Grave, le Pays de Kuik & leurs Dépendances, que la Maison d'Orange tenoit autrefois en engagement, & que les Etats Généraux lui ont donnés en toute proprieté à la fin de 1611. Il renonce encore à toutes ses prétentions sur les Villes & Seigneuries de Lingen, Bevergarde & Kloppenbourg, dont le Prince d'Orange & ses héritiers continueront à joüir. *T. de M. art.* 49. *&* 50.

Les sujets de la Couronne d'Espagne & des Provinces-Unies sont déclarés capables de succéder les uns aux autres, tant par testament que sans testament, selon les Coutumes des lieux. *T. de M. art.* 62.

Les Contractans demeureront en possession des Pays, Places, Comptoirs, &c. qu'ils occupent aux Indes Orientales & Occidentales. Les Espagnols joüiront des priviléges qu'ils possedent à présent aux Indes Orientales, sans se pouvoir étendre plus avant, & les sujets des Etats Généraux s'abstiendront de fréquenter les Places où les Castillans sont établis. *T. de M. art.* 5.

Les Espagnols & les Sujets des Provinces-Unies ne pourront respectivement naviger ni commercer dans les Havres, Ports, Places garnies de Forts, Loges ou Châteaux, & généralement en tout autre lieu qui sera possedé par l'autre partie dans les Indes Occidentales. *T. de M. art.* 6.

BASLE, LES CANTONS SUISSES, & QUELQUES VILLES ANSE'ATIQUES.

La Ville de Bâle & les Cantons Suisses ne sont en aucune façon sujets aux Tribunaux, ni aux Jugemens de l'Empire. *T. de M. art.* 62. *T. d'Os. art.* 6.

Les Villes Anséatiques qui sont enclavées dans les Etats que la Couronne de Suede possede en Allemagne, conserveront la même liberté de navigation dont elles ont joüi jusqu'à present, tant à l'égard de l'Empire, que des Royaumes, Républiques & Provinces Étrangeres. *T. d'Os. art.* 10.

NOMS

NOMS DES PRINCES, &c.
Contractans, & Garants des Traités
de Westphalie.

L'Empereur & la Maison d'Autriche, la France, la Suede; les Electeurs de Mayence, de Baviere, de
Saxe, de Brandebourg; les Evêques
de Bamberg & de Wirtzbourg; les
Princes de Saxe-Altembourg, Bran-
debourg-Culmbach, Brunfwic-Lune-
bourg, Cell, Grubenhagen, Wolf-
fenbutel, Calemberg, Meklebourg,
Wirtenberg, Heffe-Caffel, Heffe-
Darmftat, Bade, Saxe-Lavembourg;
les Comtes & Barons du Banc de
Vétéravie & ceux du Banc de Franconie; les Villes de Strafbourg, Ratifbonne, Lubeck, Nurenberg, Ulm,
&c.

Tous ces Contractans feront obligés de défendre & de maintenir toutes & chacune des conditions de la
Paix de Westphalie, fans distinction
de personnes, ni de Religion. En cas
qu'il s'éleve quelque differend, on

Tome I. G

tâchera de l'accommoder par des voyes amiables; si elles ne réussissent pas., on aidera de toutes ses forces la Partie lesée. *T. de M. art.* 116. *T. d'Os. art.* 17.

PROTESTATIONS.

Le Nonce du Pape à Munster protesta contre la Paix de Westphalie le 14 & le 28 Octobre 1648. Un mois après Innocent XI. fit lui-même sa Protestation. Le 20 Janvier 1649. Charles II. Duc de Mantoüe, protesta contre tout ce qu'on avoit stipulé au sujet de ses démêlés avec le Duc de Savoye.

Après avoir rendu compte dans ce Chapitre de tout ce qui regarde la Paix de Westphalie & des Pyrénées, & des Traités précedens ou posterieurs qui y ont rapport, je crois devoir ajouter ici quelques remarques avant que de passer à la Pacification d'Oliva.

Les personnes qui se destinent aux négociations, ne peuvent trop étudier les Traités de Munster & d'Osna-

bruck , qui font des modéles en ce
genre. Quel ordre! Quelle précifion!
Quelle clarté! Par tout on fent le génie fuperieur des Miniftres qui les ont
dictés. Embraffant d'un coup d'œil
tous les points & toutes les faces d'une
affaire ; inftruits à fond des interêts
dont ils traitoient, de leurs rapports
voifins ou éloignés ; ils ont écarté tout
ce qui étoit étranger à leur fujet , &
rejetté ces expreffions vagues & fu-
perfluës qui ne donnent aucune lumié-
re à l'efprit.

Il n'eft pas auffi aifé qu'on pourroit
le penfer de donner une bonne forme
à un Traité. Combien de Plenipotentiaires qui méritent la réputation qu'ils
ont acquife , ont cependant échoüé
dans ce travail ? On a peine à fuivre
les uns ; nul ordre dans les idées , nul
fil qui lie les matiéres , tout eft jetté
au hazard ; & le Lecteur qui veut
s'inftruire , doit commencer par débroüiller un cahos. Les autres cherchent à mettre dans leurs Traités les
fineffes qu'ils ont employées dans le
cours de leur négociation ; ils tâton-

ment ; rien n'eſt prononcé ; il faut les
deviner. Ceux-ci ne peuvent finir un
article ſans y gliſſer quelque ſuperflui-
té ; ils enflent les petites choſes ; leur
amour propre aime à les conſiderer
comme des objets importans, & ils
croient que leur négociation en ac-
querra plus de majeſté.

Si l'on trouve ſouvent des défauts
auſſi conſiderables dans des Traités
qui ont été rédigés par des hommes
d'un mérite rare dans les affaires,
quelle matiére ne doivent pas offrir à
la critique, les actes qui ont été faits
par des perſonnes peu inſtruites, d'un
eſprit étroit, & qui ne devoient qu'à
la faveur l'honneur d'être chargées
des interêts de leur patrie, & d'é-
crire ſes engagemens ?

Je remarquerai encore ici, en faveur des Lecteurs qui n'ont aucune
connoiſſance de la matiére que je
traite, qu'outre les conventions dont
l'aſſemblage forme le Droit Public,
on trouve dans tous les Traités des
articles d'une autre eſpece. Ils ne regardent, pour ainſi dire, que le mo-

ment où le Traité eſt conclu, & ne
pouvant par conſéquent avoir aucune
influence dans l'avenir, on ſent que
je ne dois pas m'y arrêter. Telles ſont
les ſtipulations qui ordonnent de reſtituer une Province, une Place, un
Château à l'Etat auquel on l'avoit
enlevé ; ou qui ne faiſant que rétablir les choſes dans leur ſituation
ancienne, ne forment aucun titre
nouveau. En parlant de la Maiſon de
Heſſe-Caſſel, aurois-je dû dire que
les Plenipotentiaires de Munſter &
d'Oſnabruck convinrent qu'on lui
payeroit cent mille Riſchdalles dans
l'eſpace de neuf mois, & aux dépens
des Archevêques de Mayence & de
Cologne, des Evêques de Paderborn
& de Munſter, & de l'Abbé de Fulde ?
Je l'aurois fait cependant ſi la Heſſe
eût joüé dans cette guerre un rôle
auſſi important que la Suede.

Il y a encore une autre ſorte d'articles dont je ne rends point compte,
parce qu'ils ſont en quelque ſorte de
ſtile, & qu'on les rencontre dans tous
les Traités de Paix. On ne manque ja-

mais de les commencer, en difant qu'il regnera à l'avenir une paix fincere & perpetuelle entre les Parties contractantes; que les hoftilités cefferont; qu'on oubliera tout le paffé, & qu'il y aura de part & d'autre une amniftie générale. On convient encore toujours de fe rendre fans rançon tous les prifonniers ; que les Sujets des deux Puiffances pourront aller refpectivement les uns chez les autres, & y demeurer librement, &c. Enfin on finit par promettre d'obferver fes engagemens avec fidélité, & de les ratifier dans un certain tems marqué.

On me permettra de m'arrêter ici fur une queftion importante au fujet de la ratification des Traités, que les uns regardent comme un acte néceffaire à leur validité, tandis que les autres penfent que ce n'eft qu'une formule autorifée par l'ufage, qui donne de l'autenticité aux engagemens, mais qui n'ajoute rien à leur force.

Grotius eft de ce dernier fentiment. ,, Nous pouvons, dit-il, nous obli- ,, ger par un autre, s'il paroît que

,, notre volonté ait été de le confti-
,, tuer notre Procureur pour cet ef-
,, fet, foit par une procuration fpé-
,, ciale, foit en vertu d'une déclara-
,, tion générale. Dans ce cas il peut
,, arriver que celui que nous établif-
,, fons notre Procureur, contracte
,, avec d'autres contre notre propre
,, volonté qui n'eft connuë que de
,, lui feul; car les actes de la volon—
,, té font ici bien differens; l'un par
,, lequel nous nous obligeons de rati-
,, fier tout ce que fera notre Procu-
,, reur dans une telle affaire; l'autre
,, par lequel nous l'obligeons lui-mê-
,, me de ne rien faire au-delà de
,, l'ordre que nous lui donnons, &
,, qui n'eft connu que de lui. Il eft
,, important de faire cette remarque,
,, parce qu'elle regarde les Ambaffa-
,, deurs, qui, en vertu des pouvoirs
,, qu'on leur donne, outrepaffent les
,, ordres fecrets de leurs Maîtres.
Droit de la Guerre & de la Paix, *liv.*
2. chap. 11. §. 12.

,, Un Souverain, ajoute le même
,, Auteur, demeure lié par les en-

„ gagemens que ſes Miniſtres ont pris
„ en allant au-delà de leurs inſtruc-
„ tions ſecrettes, pourvû que ce ſoit
„ dans l'étenduë de la fonction pu-
„ bliquc de leur Charge. Si un Mi-
„ niſtre paſſe les bornes de ſon pou-
„ voir, il ſera tenu à la valeur, s'il
„ ne peut accomplir ce qu'il a pro-
„ mis; à moins que quelque Loi ſuf-
„ fiſament connuë n'intervienne en
„ ſa faveur. S'il y a eu de la mau-
„ vaiſe foi de ſa part, c'eſt-à-dire,
„ s'il a fait ſon pouvoir plus grand
„ qu'il n'eſt, alors il ſera obligé,
„ pour dommage cauſé par ſa faute,
„ & même pour crime, à une peine
„ proportionnée au délit.

„ Pour le premier qui eſt le dé-
„ dommagement, on s'en prend aux
„ biens; & s'il n'y en a point, on
„ impoſe des travaux, ou l'on ôte la
„ liberté à la perſonne; pour le ſe-
„ cond qui eſt la punition du crime,
„ on s'en prend auſſi à la perſonne ou
„ aux biens, & à l'un & à l'autre ſe-
„ lon la grandeur du crime. *Droit de
la Guerre & de la Paix*, *l. 3. ch. 22.*
§. 4.

Il me semble que l'Auteur qui a publié depuis quelques années un Essai sur les principes du Droit & de la Morale, a eu des idées bien plus justes que Grotius sur cette matiére. Après avoir établi ses principes au sujet des engagemens que l'on contracte par Procureur, il ajoute, ,, On ,, remedie à l'inconvenient de l'infi- ,, délité possible des Ambassadeurs ,, par la stipulation réciproque de l'é- ,, change des ratifications, qui est ,, comme si l'on disoit, que le tems ,, stipulé pour envoyer les ratifica- ,, tions, est donné aux Souverains ,, pour reconnoître si leurs ordres ,, secrets ont été exécutés ; & en cas ,, qu'ils n'ayent pas été suivis, pour ,, rétracter les promesses faites par ,, leurs Ambassadeurs. *N.* 123.

En effet un Traité n'acquiert toute sa force que par la ratification des Püissances qui l'ont conclu ; & ce qui prouve la vérité de ce principe, c'est qu'il est de l'interêt de chaque Nation de l'adopter, pour ne pas risquer de se trouver la victime de la présomption, de l'infidélité ou de la corruption d'un Miniftre qu'elle charge du foin de difcuter & de régler fes interêts. Si on ne fait attention qu'à la force des termes qu'on employe en dreffant les pleins pouvoirs d'un Ambaffadeur, il n'eft pas douteux qu'on ne doive regarder la ratification des Traités comme une formalité fuperfluë. Mais qu'on y prenne garde, c'eft moins fur les idées particuliéres que réveillent les expreffions d'un plein pouvoir qu'il faut raifonner, que fur l'idée générale qu'on a d'une telle piéce. Or quelque étendus que paroiffent les pouvoirs d'un Plenipotentiaire, on fçait en apprétier le ftile à fa jufte valeur ; & un Ambaffadeur lui-même ne fait aucune difficulté d'avoüer cent fois dans le cours d'une négociation qu'il a les mains liées, qu'il attend les inftructions de fa Cour, &c. Puifque l'autorité d'un Miniftre eft en effet bornée, quoique fes pleins pouvoirs femblent lui donner toute celle de fon Souverain, on doit en conclure qu'un Traité n'a toute fa force que quand il eſt ratifié par le Prince ; juſqu'à ce moment il n'eſt point obligatoire. Il ſeroit donc imprudent de ſtipuler qu'on en exécutera les conventions dès le jour de la ſignature : c'eſt à quoi quelques Ambaſſadeurs n'ont pas toujours aſſez fait attention.

CHAPITRE II.

Pacification du Nord. Paix d'Oliva, de Coppenhague, &c.

MARGUERITE de Valdemar que les Hiſtoriens ont appellée la Sémiramis du Nord, y régnoit ſur la fin du quatorziéme ſiécle. Ayant réuni ſur ſa tête les trois Couronnes de Suede, de Dannemarc & de Norvege, elle forma le grand deſſein de ne faire en quelque ſorte qu'une ſeule Nation de tous ſes Sujets. Elle aſſembla à Calmar en 1392 le Etats Généraux de ſes trois Royaumes, & ils ſouſcrivirent avec empreſſement à l'union qu'elle méditoit. Il fut réglé par un Traité solemnel que les Danois, les Suedois & les Norvegiens conserveroient leurs Loix, leurs usages & leurs priviléges particuliers pour former des Nations séparées, quoiqu'unies sous un même chef, & que le Roy élu tour à tour par chaque Peuple, résideroit tour à tour dans chacun de ses Etats.

Eric petit-neveu de Marguerite lui succéda; mais ayant soulevé ses Sujets par sa mauvaise conduite, Christophe de Baviere fut placé sur le Trône dont on l'avoit chassé. Quoique cette élection fut l'ouvrage des seuls Danois, elle fut confirmée par les Suedois qui auroient dû la faire. Ils n'eurent pas dans la suite la même complaisance; & les Etats de Dannemarc ayant choisi Christierne d'Oldenbourg pour succeder à Christophe da Baviere, la Suede défera sa Couronne à Charles Canutson.

Le Traité de Calmar commença dès-lors à produire autant de maux dans le Nord, que Marguerite en

avoit efperé de biens. L'union en fe
rompant ne pouvoit qu'exciter des
haines d'autant plus envenimées entre
les trois Royaumes, qu'elle avoit con-
fondu leurs interêts, & leur donnoit
des droits & des prétentions réciproques les uns fur les autres. Les Roys
de Dannemarc regarderent l'élection
de Canutfon comme un attentat commis contre leur autorité. Ils s'imagi-
nerent que la Suede devoit être une
de leurs Provinces; & ce Royaume
en effet auroit fubi le joug des Danois, fi Guftave Vafa, dans les Forêts
de la Dalécarlie, n'eût trouvé des
Vengeurs à fa patrie.

Les guerres cruelles de la Suede &
du Dannemarc n'étoient point prêtes
à finir, & il s'étoit cependant formé
une nouvelle fource de difcordes dans
le Nord, pendant la guerre que les
Mofcovites porterent en Livonie au
milieu du feiziéme fiécle. Gothart
Kettler, Grand-Maître de l'Ordre
Teutonique, & en cette qualité Souverain de Livonie, n'étoit point en
état de s'oppofer à l'irruption de fes

ennemis. Revel qui n'avoit aucun fecours à en attendre, rechercha la
protection de la Suede, fe foumit à
cette Couronne en 1560. & bientôt
toute l'Eftonie, dont elle eft la Capitale, fuivit cet exemple.

Les Suedois qui croyoient ne pouvoir conferver leur nouvelle acquifi-
tion qu'en laiffant accabler l'Ordre
Teutonique, refuferent tout fecours
à Kettler. Ce Prince, pour s'en venger,
& pour fauver au moins quelques débris de fon naufrage, abandonna aux
Polonois tous les droits qu'il avoit fur
la Livonie, & ne retint que la Curlande, dont il confentit de leur faire
hommage. Dès que les Mofcovites furent repouffés fur leurs terres, la Pologne prétendit faire valoir la ceffion
de Gothart Kettler, & redemanda à
la Suede Revel & l'Eftonie qui n'a-
voient pû fecoüer le joug de leur légitime Souverain pour s'en donner un
nouveau. Les Suedois fçavoient peut-
être qu'un Peuple qui eft abandonné
de fon Prince, ne lui eft plus foumis,
& ils ne répondirent aux Polonois
qu'en prenant les armes.

Le Nord se flata que les guerres sanglantes que ce différend avoit fait naître, alloient être terminées, quand on vit que les Polonois déféroient leur Couronne à Sigifmond, fils aîné de Jean Roi de Suede, & de Catherine Jagellon, Princesse dont le nom leur étoit cher, & dont les Peres avoient gouverné la République avec beaucoup de gloire. Le calme cependant ne fut que passager, Jean mourut en 1592. Son fils se rendit aussi-tôt en Suede pour s'y faire couronner, mais il se hâta de repasser dans ses premiers Etats avant que d'avoir affermi son autorité sur ses nouveaux sujets ; & faisant une seconde faute plus considérable que la premiere, il céda à la République de Pologne les droits qu'il avoit comme Roi de Suede sur la Livonie.

Cette conduite imprudente souleva d'autant plus aisément les esprits, que Charles de Sundermanie, frere du feu Roi, avoit travaillé à se faire des Créatures. Ce Prince habile & ambitieux irrita l'orgüeil des Suédois, en leur repréfentant que les efforts qu'ils avoient faits pour ne pas fuccomber fous la tirannie des Danois devenoient inutiles, s'ils ne s'armoient d'un nouveau courage, & n'empêchoient que leur Patrie ne devint une Province de Pologne. Il leur peignoit les Polonois comme des Républicains avides & durs qui alloient être revêtus de toutes les charges de la Suede pour l'écrafer, & dont les violences étoient bien plus à craindre que celles des Danois; puifque la Religion du Royaume ne pouvoit être en fûreté fous un Prince dont la Cour étoit pleine de Prêtres de la Communion Romaine.

Sigifmond inftruit de ce qui fe tramoit contre lui, crut que fa préfence pourroit ramener les Suédois ou leur impofer, mais il n'étoit plus temps. Charles de Sundermanie qui s'étoit affuré de tous les ordres de l'Etat, lui ferma l'entrée du Royaume, défit les troupes qui l'accompagnoient, & fe fit proclamer Roi. Cette guerre quelquefois interrompue, ou pouffée

avec

avec moins de chaleur, à caufe des anciennes querelles que la Suede avoit avec le Dannemarc, occupa tout le Regne de Charles IX. & fon fils le Grand Guſtave juſqu'au moment que pour entrer dans l'Empire, il fit avec la Pologne la treve de fix ans, dont j'ai parlé dans le Chapitre précédent.

Le Nord étoit enfin pacifié. Dès 1613 le Dannemarc avoit été obligé de renoncer autentiquement à tous fes droits fur la Suede ; on lui avoit laiſſé la frivole confolation de porter dans fon écu les armes de ce Royaume, & on ne lui conteſtoit point la Norvege. Il eſt vrai que la treve n'établiſſoit qu'un repos paſſager entre les Suédois & les Polonois, mais rien n'étoit plus aifé que de tarir la fource de toutes leurs querelles. La Pologne qui étoit tombée dans un grand épuifement, tandis que la Suede avoit pris un afcendant marqué dans le Nord, étoit intéreſſée à rechercher la paix. Si au lieu d'un Traité définitif, on n'avoit fait qu'une feconde treve

Tom. I.   H

en 1635, c'eſt qu'on avoit voulu ménager la délicateſſe des Polonois ; & en leur laiſſant encore quelque eſpérance ſur des Provinces qu'on leur enlevoit, rendre plus facile un accommodement traverſé par les émiſſaires de l'Empereur, & néceſſaire pour aſſurer le progrès des Suedois en Allemagne.

Caſimir attaqué par les Moſcovites, & troublé par la révolte des Coſaques, entama en 1654 une négociation à laquelle la treve de 1635 devoit ſervir de baſe. On touchoit au moment qui alloit affermir la paix, lorſque le Miniſtre qui réſidoit de ſa part à Stokholm, proteſta contre le Couronnement de Charles - Guſtave deux jours avant l'abdication de la Reine Chriſtine.

Cette étincelle ralluma un incendie qui ſe répandit du Nord chez ſes voiſins. Les Suédois ſe crurent outragés, ils demanderent la guerre, & le nouveau Roi n'eût pas différé à ſatisfaire ſes ſujets, ſi ſes finances & ſes troupes lui euſſent paru en proportion avec les grandes entreprises qu'il méditoit. Il passa le reste de l'année 1654 à faire ses préparatifs, il exerça ses troupes & les augmenta, amassa de l'argent, forma une étroite alliance avec l'Electeur de Brandebourg, Duc de Prusse, & au commencement de l'année suivante il entra en Pologne à la tête de son armée.

Jamais progrès ne furent plus rapides; tout plia sous les premiers coups de Charles; la terreur le devança, ses ennemis fuirent, les armes leur tomberent des mains. S'il etoit aussi facile de conserver que de faire de grandes conquêtes, Casimir n'eût jamais recouvré sa Couronne. Charles voulut l'accabler, & son inflexibilité fit le salut de son ennemi. Les Polonois qui avoient tremblé, s'irriterent; leur courage devint d'autant plus impétueux, qu'ils avoient plus à rougir de la crainte qu'ils avoient marquée, & ils formerent une armée qui fut pour Casimir un azile plus honorable que la Silesie où il avoit été obligé de fuir & de se cacher.

Les Moſcovites qui étoient en
guerre contre la Pologne, commencerent à voir avec jalouſie la puiſſance
des Suédois, & firent une diverſion
dans la Livonie. D'un autre côté les
Puiſſances du midi & du couchant de
l'Europe ne devoient plus être des
témoins indifférens des querelles du
Nord. L'Empereur Ferdinand III.
ſaiſit cette occaſion de ſe venger du
tort que lui avoit fait la paix de Weſtphalie, & voyant que les affaires de
Caſimir commençoient à ſe rétablir,
il lui envoya des ſecours, & engagea
le Dannemarc à faire une diverſion
favorable aux Polonois. Le Kam des
Tartares fit marcher en même temps
à leur ſecours une armée de cent mille
hommes, ce qui rendit inutile l'alliance que la Suede venoit de contracter avec Ragotzki, Prince de
Tranſilvanie.

En tranſportant ſes principales forces contre les Danois, Charles-Guſ-
tave ſe vit forcé à reſter ſur la défenſive en Pologne ; & dès-lors l'Electeur de Brandebourg croyant qu'il

étoit de fon intérêt de renoncer à fon alliance, conclut avec Cafimir, le 17 Septembre 1657 le célebre Traité de Velau. Le Dannemarc eut le fort que la Pologne avoit d'abord éprouvé, il fut prefque entierement conquis, & Frederic III. fe hâta de conclure fon accommodement particulier.

La paix de Roftchild fignée le 8 Mars 1658, & que la France & l'Angleterre avoient ménagée, auroit été un grand acheminement à la pacification du Nord, fi elle eut eu lieu. Mais Frederic encouragé par fes Alliés fe repentit de fa timidité. On lui repréfenta les armées Suédoifes comme un torrent à qui rien ne réfifte, mais qui s'écoule & difparoît d'autant plus promptement, que fes eaux font pouffées avec plus de violence. Les fecours des Provinces-Unies & leur déclaration de guerre contre Charles Guftave, acheverent de déterminer la Cour de Coppenhague à ne point s'en tenir aux conditions qu'elle avoit acceptées.

Toute l'Europe auroit enfin pris part aux querelles du Nord, si la France & l'Angleterre par un Traité du 21 May 1659 n'étoient convenues avec les Provinces - Unies de prendre les mesures les plus promptes & les plus efficaces pour y rétablir la tranquillité. Les Etats Généraux retirerent les secours qu'ils fournissoient aux Danois; les Anglois promirent de n'en donner aucun aux Suédois, & le premier fruit de cette négociation ce fut la paix signée à Elsigneur le 9 Décembre 1659, entre Charles Gustave & les Provinces-Unies.

La fortune qui avoit prodigué ses faveurs aux Suédois, commençoit à les abandonner pour favoriser leurs ennemis; mais rien ne hâta davantage les succès dont se flatoient les Médiateurs assemblés à Oliva & à Haffnen, que la mort de Charles Gustave. Ce Prince digne d'occuper le Trône du Grand Gustave, & un des plus grands hommes du siécle dernier, mourut le 23 Février 1660. Son courage souffroit impatiemment de faire la paix dans des circonstances où ses ennemis en avoient moins besoin que lui. Son fils la signa à Oliva le 3 May 1660 avec la Pologne, l'Empereur Leopold & l'Electeur de Brandebourg. Le Traité de Haffnen, plus connu sous le nom de Coppenhague, fut conclu le 6 Juin de la même année entre la Suede & le Dannemarc.

La paix cependant ne fut pas générale dans le Nord ; la Moscovie resta en guerre contre la Suede & la Pologne. Le Traité de Pleyffemond desarma les Suédois le 1 Juillet 1661 ; mais il n'y eut d'accommodement définitif entre les Polonois & le Czar de Russie que le 25 Avril 1686, quand ces Puissances se liguerent ensemble pour faire la guerre à la Porte. Les hostilités avoient cependant cessé dès le 30 Janvier 1667 par une treve de treize ans qui fut renouvellée ou prolongée par des Traités signés le 17 Mars 1670, le 9 Avril 1672, & le 17 Août 1678.

SUEDE.

Jean Cafimir renonce à tous fes droits fur le Royaume de Suede, & aux biens patrimoniaux que fes peres y ont poffédés. Il fe réferve la faculté de fe fervir de tous les titres & marques d'honneur de cette Couronne, excepté quand il traitera avec elle. Ses Succeffeurs ne pourront prendre les mêmes titres, ni former aucune prétention fur la Suede. *T. d'Oliva, art. 5.* La derniere claufe de cet article ne pouvoit regarder que ceux de fes Succeffeurs qui feroient de fon fang, la République de Pologne n'ayant aucune prétention fur le Trône de Suede. La branche aînée de la Maifon de Vafa finit en la perfonne du Roi Cafimir, qui après avoir abdiqué fe retira en France, & y mourut coëffé d'une mître qui lui convenoit mieux qu'une couronne. Le Grand Guftave avoit été le dernier mâle de la branche cadette.

Le Roi & le Royaume de Pologne cedent à la Suede toute la Livonie qui eft est au-delà de la Duna, à la réserve des Villes de Dunenbourg, Rosisen, Ludsen, Marienhusen, & des autres Places que les Polonois possedoient dans la Livonie Méridionale pendant les treves de 1629 & de 1635. Toute la Livonie étoit alors occupée par les Moscovites ; ils ne l'évacuerent que l'année suivante, & en vertu des articles 3 & 4 du Traité de Pleysse-mond, les Suédois en prirent possession, à la réserve de la partie méridionale qui fut rendue à la Pologne en 1667, conformément au sixiéme article de la treve conclue cette année entre les Polonois & les Moscovites. La Suede possedera encore l'Isle de Ruynen & tout le Territoire dont elle étoit maîtresse sur la rive gauche de la Duna, durant les treves de 1629 & 1635. *T. d'Ol. art. 4 & 5.*

Les Rois de Pologne & de Suede pourront se servir également des titres & marques d'honneur de la Livonie. *T. d'Ol. art. 5.*

Le dix-huitiéme article du Traité d'Oliva mérite d'être rapporté à cause

Tome II. I

de sa singularité. Il dit qu'on rendra aux Suédois les cadavres des Officiers généraux & subalternes qui seront redemandés. Et qu'à l'égard de ceux qui sont enterrés à Elbing, à Mariembourg, & dans les autres Villes de Prusse ou de Pologne, leur sépulture ne sera pas violée.

Le Dannemarc renonce à toutes ses prétentions sur la Suede. *Traité de Stetin rappellé par le Traité de Coppenhague.*

La Suede possedera en toute souveraineté la Jemptie & toute la partie de l'Heredalie qui est séparée de la Norvege par les montagnes d'Offrafiel. Le Roi de Dannemarc lui donne encore les Isles d'Oesel & de Gothlant. *Traité de Bromsebroo rappellé par le Traité de Coppenhague, art. 25.*

Les Provinces de Hallande, de Scanie ou Schonen, & de Bleckinge sont cédées à la Suede, & elle en joüira en toute souveraineté. *Traité de Roschild, rappellé par le Traité de Coppenhague, art. 5. T. de Cop. art. 4.* Le Roi de Suede étoit déja maître de la Hallande depuis 1645, en vertu du vingt-cinquiéme article du Traité de Bromfebroo. Chriftien IV. l'avoit cédée à Chriftine pour trente ans, comme un gage de la franchife des Suédois dans les détroits du Sund & du Belth. Ces trente ans expirés, le Dannemarc ne pouvoit rentrer en poffeffion de cette Province, fans donner à la Suede une caution équivalente & dont elle fut contente. Une convention auffi puérile apprend tout à la fois aux Négociateurs combien la délicateffe des Princes eft quelquefois extrême, & cependant facile à contenter.

La Suede poffedera en toute fouveraineté l'Ifle de Bornholm. *Traité de Rof. art. 5. Traité de Cop. art. 5.* Cette Ifle a encore été donnée à la Suede par un acte particulier qu'on trouve ordinairement à la fuite du Traité de Coppenhague.

Le Roi de Dannemarc cede à la Suede les Fiefs de Bahus avec toutes leurs Dépendances. *T. de Rof. art, 6. T. de Cop. art. 4.* de même que toutes les Jurisdictions tant Ecclésiastiques que politiques qu'il a euës sur l'Isle de Rugen. *T. de Brom. art.* 16. *T. de Rof. art.* 7. *T. de Cop. art.* 9.

Les vaisseaux de la Couronne de Suede & de ses sujets, de quelque Province qu'ils soient, ne seront soumis à aucun péage, recherche, visite, détention ni charge, en passant le Sund & le Belth. Tout effet appartenant aux Suédois ou autres sujets de la Couronne de Suede, joüira du même privilege, quoique chargé sur des navires étrangers. *T. de Brom. art.* 3. *& suivans. T. de Rof. art.* 4. *T. de Cop. art.* 3.

DANNEMARC.

Les Rois de Dannemarc pourront porter dans leur écu les armes de Suede, pourvû qu'ils ne prétendent en inférer aucun droit, aucune prétention sur cette Couronne. *Traité de Sieredic, rappellé par le Traité de Coppenhague.*

Le Roi de Suede renonce en faveur du Roi de Dannemarc, & du Duc de Holstein-Gottorp, à tous les droits qu'il peut avoir, comme Duc de Bremen, sur les Comtés de Delmen-horst & de Ditmarsen, & sur les biens de quelques Gentilshommes du Holstein. *T. de Ros. art.* 13. *T. de Cop. art.* 18.

Par le quinziéme article du Traité de Coppenhague, la Suede renonce aux droits que ses conquêtes lui ont donnés sur les Provinces qu'elle restituë au Dannemarc. En lisant cet article on croiroit qu'il est question de deux peuples barbares qui ne reconnoissent d'autre droit que celui du plus fort, & qui pensent qu'il suffit de s'emparer d'un pays pour en devenir le légitime maître. Je ne suis point surpris que cette erreur subsistât en 1660. puisqu'aujourd'hui même elle n'est point encore tombée dans le mépris qu'elle mérite, & qui l'attend. Un Prince est sans doute en droit de conquerir une Province qui lui appartient, & qu'on refuse de lui restituer. Il peut même étendre ses conquêtes au-delà

I 3

du païs qu'il redemande, pour punir son ennemi de son injustice, & se dédommager des frais de la guerre qu'on l'a forcé de faire. Mais les armes par elles-mêmes ne donnent aucun titre pour posseder, elles en supposent un antérieur, & ce n'est que pour constater ce droit contesté & équivoque, qu'on fait la guerre. S'il en étoit autrement, un Prince dépoüillé par son ennemi n'auroit plus aucun droit sur les pays qu'on lui a enlevés, & par conséquent il seroit ridicule que le vainqueur exigeât de lui une cession par les Traités de Paix. On peut ajouter ici un raisonnement bien simple ; si les conquêtes par leur nature forment un droit de possession pour le Conquerant, il est inutile que la guerre soit fondée sur des motifs injustes ou légitimes. Mais qui oseroit avancer une pareille proposition ? puisqu'il n'y a point d'homme raisonnable qui ne doive avoüer qu'un Etat qui a pris les armes sans de justes causes, doit dédommager son ennemi de toutes les pertes qu'il a faites pendant la guerre.

SUEDE, DANNEMARC.

Les Rois de Suede & de Dannemarc renoncent à toute alliance qu'ils
auront contractée au préjudice l'un de
l'autre. Ils ne pourront en former de
pareilles dans la suite , & chaque contractant refufera tout fecours direct ou
indirect à l'ennemi de l'autre. *T. de
Rof. art. 2. T. de Cop. art. 2.*

Ces deux Princes entretiendront
fur leur territoire , chacun à fes dépens, les feux qu'on a coutume d'allumer entre Schagem & Salfterboo ,
pour favorifer la navigation. La Suede
confent à ne jamais exiger aucun impôt
dans le détroit du Sund ; mais le Dannemarc lui payera tous les ans , en
deux payemens égaux , la fomme de
3500 Rifchdalles. *T. de Cop. art. 6.*

Tout vaiffeau Suedois en paffant le
Sund, faluera le Château de Cronem-
bourg, qui lui répondra de fon canon.
Tout vaiffeau Danois , dans le même
détroit , faluera le Château d'Elfembourg, qui lui répondra de même. Les

I 4

navires Suedois & Danois, en fe rencontrant, ne baifferont point les voiles du grand mât. *T. de Cop. art.* 7.

Quand l'un des deux Rois voudra faire paffer plus de cinq vaiffeaux de guerre, ou plus de 1200 foldats de l'Océan dans la mer Baltique, ou de cette mer dans l'Océan, il en avertira l'autre trois femaines auparavant. Le Roi de Suede fera fa notification à Elfeneur ou à Nibourg, & le Roi de Dannemarc la fienne à Elfembourg. *T. de Cop. art.* 8.

POLOGNE, MAISON DE BRANDEBOURG.

Les habitans de Wifmar & de la Pomeranie feront rétablis dans tous les droits, privileges & franchifes que leur accorde le Traité d'Odenfée. *T. de Bromfebroo, art.* 34. Quand ce dernier Traité fut conclu le 17. Août 1645. la Couronne de Suede étoit en poffeffion de Wifmar & de toute la Pomeranie. Les habitans des conquêtes qu'elle a confervées par le Traité d'Ofnabruch, joüiffent dans le paffage du Sund & du Belth de toutes les prérogatives accordées aux Suedois mêmes. Ainfi le trente-quatriéme article du Traité de Bromfebroo ne regarde que les Pomeraniens de la Pomeranie Ultérieure , fujets de la Maifon de Brandebourg. En vertu du Traité d'Odenfée conclu le 23 Juillet 1560 , leurs vaiffeaux doivent être traités dans les Détroits du Sund & du Belth comme ceux de la Nation la plus favorifée. Je remarquerai que depuis 1660 jufqu'en 1720 quand le Dannemarc a promis à quelque peuple de le traiter comme la Nation la plus favorifée , il faut toujours excepter la Suede , qui pendant ce temps-là a joüi de privileges uniques aufquels elle a été forcée de renoncer après la mort de Charles XII. On verra dans le huitiéme Chapitre de cet Ouvrage , les changemens qui font arrivés dans le Nord depuis le commencement de ce fiécle , & que les Traités de Stockholm & de Neuftadt ont dérogé à plufieurs articles de ceux dont je rends compte ici.

Le Roi de Suede & l'Electeur de Brandebourg renoncent aux Traités faits entr'eux le 17 Janvier 1656 à Konifberg ; le 25 Juin 1656 à Marienbourg ; le 20 Novembre 1656 à Labiavic. Ils les déclarent nuls & comme non avenus, & proteftent qu'ils ne prétendront jamais en inferer aucun droit contre la Pologne. *T. d'Ol. art.* 25. Par ces Traités l'Electeur Frederic-Guillaume reconnoiffoit fon Duché de Pruffe pour un Fief de la Couronne de Suede ; Charles-Guftave le déchargeoit de tout Vaffelage, & lui donnoit en toute fouveraineté la Province de Warmie dans la Pruffe Royale, & quelques Palatinats en Pologne.

La Pruffe Ducale eft déclarée indépendante ; mais au défaut d'hoirs mâles dans la poftérité de Frederic-Guillaume, Electeur de Brandebourg, la République de Pologne rentrera dans tous fes droits fur cette Province. *T. de Velau, art.* 5 & 6.

Au lieu des anciens devoirs de Vaffelage dûs par la Pruffe à la Pologne, il y aura une alliance éternelle entre ces deux Puissances. Frederic-Guillaume & ses descendans, Ducs de Prusse, ne pourront jamais s'allier avec les ennemis de la Pologne, leur fournir des munitions de guerre ou de bouche, ni leur accorder le passage sur leurs terres. Dans toutes les guerres défensives que la République de Pologne aura à soutenir, le Duc de Prusse lui fournira quinze cens hommes de pied, & cinq cens chevaux, dont elle payera la solde dès qu'ils seront entrés sur ses terres. *T. de Vel. art.* 9. 11. & 12.

De son côté la République de Pologne s'engage à défendre le Duché de Prusse contre tous ceux qui voudront l'attaquer. Les Troupes Polonoises y auront en tout tems un libre passage, & celles de Prusse passeront librement sur les terres de la Couronne de Pologne. *T. de Vel. art.* 13. 14 & 15.

Dans un autre article de l'alliance de Velau, la Pologne s'étoit engagée de payer à la Cour de Berlin trois

cens mille Rifchdalles , & de lui laiffer Elbing jufqu'à l'entier payement
de cette fomme. Par une fuite d'évenemens extraordinaires, il arriva que
cette derniere claufe ne fut point exécutée, & dès-lors on doit fentir que
la République de Pologne ne fe hâta
pas de s'acquitter. L'Electeur de Brandebourg ne s'endormit point fur fes
interêts , il renouvella mille fois fes
demandes ; & las de ne recevoir aucune réponfe fatisfaifante, il prit enfin
le parti de fe faire juftice par lui-même. Il fit marcher un Corps d'armée
vers Elbing, qui, fans fonger à faire la
moindre réfiftance , lui ouvrit fes portes le 11 Novembre 1698.

Augufte II. Roi de Pologne, s'en
plaignit comme d'un attentat énorme
contre le Droit des Gens. Il chercha
à intimider l'Electeur ; mais n'ayant
pû y réuffir , & ne voulant pas fe faire
un ennemi dangereux dans le moment qu'il rempliffoit le Nord de fes
intrigues , & qu'il méditoit une rupture avec la Suede , il fe prêta à un
accommodement qui fut figné à Var-

ſovie le 12 Décembre 1699. On re-
nouvelle dans ce Traité tous les articles de l'alliance perpetuelle de Velau, *art. 1. & 9.* L'Electeur de Brandebourg s'engage de rendre aux Polonois le 1 Février 1700, la Ville d'Elbing, à condition que leur République lui payera trois cens mille Riſchdalles trois mois après la tenuë de la
prochaine Diéte, & que la veille de
l'évacuation d'Elbing on lui remettra
entre les mains les Joyaux de la Couronne pour lui ſervir de caution. *T. de
Vel. art. 2. 3. & 4.* Dans le cas que
les Polonois manquaſſent à leur engagement, l'Electeur de Brandebourg
pouvoit rentrer dans Elbing, & per-
cevoir les fruits de ſon Territoire juſqu'à l'entier payement des trois cens
mille Riſchdalles convenuës. *T. de V.
art. 5.*

L'EMPEREUR & LA SUEDE.

L'un & l'autre s'en tiendront reſpectivement aux diſpoſitions du Traité d'Oſnabruch. *T. d'Ol. art. 22.*

MAISON DE HOLSTEIN.

Le Roi de Dannemarc satisfera le Duc de Slefwic - Holftein - Gottorp. *T. de Rof. art.* 22. En conféquence Frederic III. Roi de Dannemarc, & le Duc de Holftein fignerent à Coppenhague le 22 May 1658 un Traité, par lequel le premier cede au fecond, pour lui & pour fes defcendans mâles, le Duché de Slefwic, & l'Ifle de Fehmeren en toute fouveraineté ; lui fait le tranfport du Chapitre de Slefwic, à la réferve de quatre Prébendes, & lui donne le Bailliage de Schwabftadt. On renouvelloit encore les anciennes unions de 1533 & de 1623 ; c'eft-à-dire, que l'on confirmoit la communauté de gouvernement qui donne aux deux Contractans un égal pouvoir fur le Duché de Holftein, l'un & l'autre recevant également l'hommage & le ferment de fidélité des Sujets, & ceux-ci ne devant obéïr qu'aux ordres qui partent de la régence commune des deux Souverains. On ne

peut gueres imaginer un gouvernement plus vicieux ; & il semble qu'on
auroit dû établir un partage dans le
domaine, mais non pas dans l'autorité,
si l'on eût voulu que la paix subsistât
entre les Rois de Dannemarc & les
Ducs de Holstein. Le Traité dont je
viens de parler , fut accompagné de
deux diplômes de Frederic III. rati-
fiés par le Senat de son Royaume.

Les Transactions passées à Coppenhague le 22 May 1658 entre le
Roi de Dannemarc & le Duc de Slef-
wic-Holstein-Gottorp , seront exac-
tement observées. *T. de Cop. art.* 27.

CURLANDE.

Le Duc de Curlande qui sera rétabli dans ses Etats , promet de ne nuire
en aucune façon à la Couronne de
Suede , & remplira néanmoins tous
les devoirs de Vassal à l'égard du Roy
& de la République de Pologne. *T.
d'Ol. art.* 6.

Les Rois de Suede, comme Ducs
de Livonie, n'éxigeront à l'avenir au-

cune redevance des Ducs de Curlande. *T. d'Ol. art.* 4.

POLOGNE. RUSSIE.

Les Duchés de Smolensco, de Severie, de Czernigove, & la Ville de Kiow avec le Territoire qui s'étend à un mille de ses murs, resteront en la possession du Czar. Le Boristhene, depuis Kiow jusqu'au pays des Tartares, servira de borne aux deux Puissances. *Traité de Moscou de* 1686, *art.* 3. Les précedens Traités de Treve sont rappellés dans celui-ci, & maintenus dans toute leur force, à la réserve des articles ausquels il sera dérogé.

Le Czar ne prendra point sous sa protection les Cosaques de la rive droite du Boristhene. Réciproquement la République de Pologne ne protégera point ceux de la rive gauche du même fleuve. Les Contractans empêcheront que les uns & les autres Cosaques ne fassent entr'eux des ligues & des associations. *Treve de de* 1667, *art.* 4. *Treve de* 1672, *art.* 7.

Les Contractans inſtruiront les Tartares Nogais de leur amitié. Si ces Peuples font quelque irruption ſur leurs terres, les deux Puiſſances les repouſſeront; s'ils ſont ſoutenus par la Porte, on lui déclarera la guerre. *T. de* 1667, *art.* 18.

Les Moſcovites ne recevront point de Sujets de la République de Pologne dans leurs Troupes. Les Polonois de leur côté ne recevront point de Moſcovites dans les leurs. *T. de Moſcou, art.* 24.

CULTE RELIGIEUX.

Les Catholiques du Duché de Pruſſe auront le libre exercice de leur Religion, & pourront poſſeder toute ſorte de Charges civiles. *T. de Velau, art.* 16. Les Catholiques de l'Iſle de Ruynen ne feront point troublés dans leur croyance; mais ils ne pourront exercer le culte de leur Religion que dans leurs maiſons. Les Livoniens

Tome I. K

joüiront des mêmes privileges. *Traité d'Ol. art.* 4.

Tous les Sujets de Suede & de Moſcovie commerçant les uns chez les autres, pourront profeſſer librement leur Religion. Il leur ſera permis de s'aſſembler dans des maiſons particuliéres ; mais ils ne pourront conſtruire des Temples. Les Ruſſes conſerveront celui qu'ils ont à Revel. *T. de Pleyſſemond, art.* 11.

Dans les lieux cedés par la Ruſſie à la Pologne, & par la Pologne à la Ruſſie, il y aura liberté de conſcience, mais ſans exercice public pour la Religion qui ne ſera pas celle du Prince. On en excepte cependant les Fauxbourgs de Kiow & de Smolenſco, où les Catholiques Romains pourront avoir des Egliſes. *Traité de Moſcou, art.* 9.

NOMS DES PRINCES Contrac-*ctans & Garants de la Paix du Nord.*

L'Empereur Leopold, comme chef

de la Maison d'Autriche , la Suede ,
la Pologne , & l'Electeur de Brandebourg s'engagent à une garantie générale de tous les articles arrêtés dans
le Traité d'Oliva. S'il arrive que quelqu'un d'eux soit attaqué ou troublé,
contre la disposition de cette Paix ,
on interposera d'abord ses bons offices; mais si les injures se font les armes à la main , on prêtera ses forces
à l'offensé au plus tard deux mois
après qu'il en aura fait la réquisition ,
& jusqu'à ce que la paix soit solidement rétablie. *T. d'Ol. art. 35.*

Les mêmes Princes garantissent de
la même maniere tous les articles de
la paix qui se traite à Coppenhague
entre la Suede & le Dannemarc; &
le Traité qu'on y conclura , sera censé
faire partie de celui d'Oliva. *T. d'Ol.
art. 31.*

Le Roi de France garantit à chacun des Princes contractans tous les
articles des Traités d'Oliva & de
Coppenhague. *Trait. d'Ol. art. 36.
Trait. de Cop. art. 34.* L'Angleterre
& les Provinces-Unies se rendent aussi

garants du Traité de Coppenhague, & promettent, dès qu'elles en feront requifes, de venger les contraventions qui y feront faites. *T. de Cop. art.* 34.

Lorfque les Traités dont je viens de faire l'analyfe furent conclus, l'ufage des garanties n'étoit pas ancien en Europe. Quelqu'autre chofe devoit y fuppléer, car les Princes n'ont jamais beaucoup compté fur leurs promeffes réciproques. Pendant longtemps on a juré l'obfervation des Traités fur les Reliques les plus accréditées, fur le bois de la vraye Croix, fur les Evangiles & fur le Corps même de Jefus - Chrift. On promettoit de ne fe point faire relever de fon ferment, & en cas d'infraction on fe foumettoit aux Cenfures Eccléfiaftiques. Dans le célébre Traité de Cambray, que François I. & Charle-Quint conclurent le 3 Août 1529 en explication de celui de Madrid, on en trouve un exemple bien frappant. Ces Princes *en cas de contravention fe foumettent aux Jurifdictions, Coërcitions & Cenfures Eccléfiaftiques, juf-*

ques à l'invocation du bras séculier in-
clusivement ; & constituent leurs Procureurs, in forma Cameræ Aposto-
licæ, pour comparoir en leurs noms en
Cour de Rome, pardevant Notre Saint
Père le Pape, ou les Auditeurs de la
Rote, & subir volontairement la con-
damnation & fulmination desdites Censures.

On ne se contentoit point de ces
précautions, & jamais les Princes ne
faisoient un Traité, sans y nommer
quelques personnes qui étoient spécia-
lement chargées de veiller à son exécution, & ausquelles on donnoit le
nom de Conservateurs. Ce n'étoient
quelquefois que de simples Ministres,
dont le devoir étoit de s'aboucher de
temps en temps dans un lieu marqué
pour réparer à l'amiable les infrac-
tions faites aux Traités, pour châtier
les Infracteurs, & pour applanir les
difficultés qu'on n'avoit pas prévûes,
ou qui naissoient de quelque expression
équivoque. L'usage de ces Conservateurs encore usité aujourd'hui entre la
Porte Ottomane & les Puissances voi-

fines qui traitent avec elle, étoit fagement établi, fur-tout dans un temps
où les Princes ne tenoient point
d'Ambaffadeurs ordinaires les uns
chez les autres. Quelquefois, mais
plus rarement, on commetoit les Gouverneurs de Province, pour veiller
d'une maniere fpéciale à la confervation de la paix dans leur Gouvernement. Ils jugeoient fouverainement de
toutes les plaintes qu'on leur portoit
fur cette matiere, puniffoient les coupables, & réparoient les torts.

Il y avoit une troifiéme efpece de
Confervateurs, qui, pour me fervir de
l'expreffion ancienne, donnoient leur
fcellé aux Traités, & s'engageoient
par un acte particulier de fe déclarer
contre leur Souverain même en cas
de quelque infraction de fa part, &
d'embraffer les intérêts de fon ennemi.
On ne fe contentoit point de demander le fcellé des plus grands Ssigneurs
d'un Etat, on exigeoit encore celui
des principales Villes. C'eft ainfi que
dans le Traité de Senlis du 23 May
1493 les Villes de Paris, Roüen,

Lyon, Poitiers, Tours, Angers, Or-
léans, Amiens & Tournay font nom-
mées pour Charles VIII. & celles
de Louvain, Bruxelles, Anvers,
Bois-le-Duc, Gand, Bruges, Lille,
Douay, Arras, S. Omer, Mons,
Valenciennes, Utrecht, Midelbourg
& Namur pour l'Empereur Maximilien, & l'Archiduc Philippe fon fils.

Le Seigneur de Bevres, un des
Confervateurs de la paix de Senlis,
s'exprime ainfi dans fon fcellé. *Sçavoir
faifons, que nous defirant de tout notre
pouvoir obéir à mefdits Seigneurs,
(Maximilien & fon fils) confiderant
les grands biens qui de ladite paix &
l'entretenement d'icelle pourront avenir
à mefdits Seigneurs Roi des Romains
& Archiduc, leurfdits Pays & fujets,
avons promis & juré, promettons &
jurons par cettes, d'entretenir & faire
entretenir ledit Traité de paix en tous
& chacuns les points & articles y con-
tenus. Et que s'il y étoit contrevenu par
mefdits Seigneurs les Roi des Romains
& Archiduc fon fils, ou par le futur
mari de Madame Marguerite, ou au-*

tre de par eux, ce que *Dieu* par *sa bonté ne veüille souffrir*, & de laquelle contravention ne fut faite restitution & réparation dedans six semaines prochaines ensuivant, nous en ce cas serons tenus d'abandonner & délaisser mes susdits Seigneurs Roi des Romains & Archiduc & chacun d'eux, & donnerons en dit cas faveur, aide & assistance, à icelui Seigneur Roi très-Chrétien.

C'est, si je ne me trompe, dans le Traité de Blois du 12 Octobre 1505, qu'on nomme pour la premiere fois des Princes Etrangers pour Conservateurs. Il y est dit que Loüis XII. Roi de France, & Ferdinand, Roi d'Arragon, prieront le Roi d'Angleterre de vouloir bien agréer la qualité de Conservateur de leur Traité. *Rogabunt dicti Christianissimus & Catholicus Reges Serenissimum Angliæ Regem, quod hujus pacis, fraternitatis & ligæ Conservator existat.* On suivit cet exemple dans le Traité qui fut conclu trois ans après à Cambrai entre Loüis XII. & l'Empereur Maximilien. On est

eſt convenu, diſent ces Princes, que
le Pape, les Rois d'Angleterre &
d'Arragon, & les Princes de l'Empire feront les Conſervateurs de ce
Traité, qu'ils en feront exécuter tous
les articles ; & qu'en cas de contravention, ils aideront de toutes leurs
forces la partie léſée. *Conventum eſt
quod Sanctiſſimus Dominus noſter, Se-
reniſſimique Reges Angliæ & Arago-
niæ, ac etiam ſacri Romani Imperii
Principes, ſint hujus pacis, unionis &
concordiæ, & ſingulorum in eis con-
tentorum, conſervatores & fide juſſores,
& totis viribus aſſiſtent ei qui prædicta
obſervaverit contra alium non obſer-
vantem.*

On doit regarder les Traités de
Blois & de Cambrai comme les premiers modeles des garanties aujour-
d'hui ſi ordinaires parmi nous. Cette
méthode devoit s'accréditer d'autant
plus aiſément, que les Princes avoient
éprouvé que les ſermens les plus ſo-
lemnels & les plus ſacrés n'étoient
qu'une foible barriere que l'intérêt
avoit toujours franchie ſans ſcrupule.

Tome I. L

D'ailleurs en se soumettant, en cas d'infraction, aux Censures Ecclésiastiques & à l'excommuniment, comme s'expriment Charles VII. Roi de France, & Philippe le Bon, Duc de Bourgogne, dans le fameux Traité d'Arras, ils se dégradoient, & fournissoient à la Puissance Ecclésiastique des prétextes de se mêler du temporel des Rois, & de confondre des droits, qui pour le bonheur des peuples ne peuvent être séparés par des bornes trop fixes ni trop marquées.

L'usage des Conservateurs auroit produit bien des désordres, si c'eût été autre chose qu'une formalité. Les Seigneurs & les Bourgeois des Villes auroient été les Juges de la justice de la guerre & de la paix, & sous prétexte de remplir les engagemens de leur scellé, ils auroient pû se faire l'habitude de ne jamais obéir à leur Prince. Tous ces usages barbares disparurent à mesure que les Rois agrandirent leur autorité sur leurs sujets, & que la politique les lia entr'eux par un commerce plus étroit.

CHAPITRE III.

Traités particuliers conclus entre les différentes Puissances de l'Europe depuis la pacification de Westphalie, jusqu'à la guerre de 1701.

JE rassemble sous ce titre tous les Traités qui n'ont aucun rapport aux grandes pacifications, & dont l'objet est trop peu considérable pour mériter chacun en particulier un Chapitre à part.

LES SUISSES, LEURS ALLIE'S.

L'article sur lequel je m'étendrai davantage, regarde le Corps Helvétique. Ayant à parler de la Paix de Bade qui termina le 7 Mars 1656 la guerre que les Cantons de Zurich & de Berne faisoient à ceux de Lucerne, d'Ury, de Schwitz, d'Undervald & de Zug; j'ai cru devoir rendre compte tout de suite de la Paix d'Araw, dont

L 2

les fages reglemens font capables de rendre toute fa force à l'ancienne union des Suiffes.

Je n'aurois fait aucune mention de leurs guerres particulieres , ni des Traités de paix qui les ont terminées ; fi les treize Cantons, unis par des liens femblables à ceux qui attachent les Provinces-Unies les unes aux autres, ne formoient qu'une République ; ou que chacun d'eux, en vertu des Loix & des Conftitutions Helvétiques , fût foumis à une Diete générale, comme les Princes du Corps Germanique font fujets à celles de l'Empire. Mais les perfonnes un peu inftruites fçavent que le Corps Helvétique doit plutôt être appellé la Ligue que la République des Suiffes, & que les treize Cantons forment autant de Républiques indépendantes. Ils fe gouvernent par des principes tout différens ; chacun d'eux conferve tous les droits de Souveraineté , & traite à fon gré avec les Etrangers ; leur Diete générale n'eft point en droit de faire des reglemens ; ni d'impofer des loix.

,, Tant s'en faut, dit l'Auteur de
,, *l'Etat de la Suisse*, que les treize
,, Cantons ne faſſent qu'un Corps,
,, qu'il n'y a que les trois plus anciens
,, qui ſoient liés directement avec
,, chacun des douze autres. A la vé-
,, rité il y a une telle connexion éta-
,, blie entre les treize Cantons, que
,, ſi l'un étoit attaqué, les douze au-
,, tres ſeroient obligés de marcher à
,, ſon ſecours ; mais ce ſeroit par la
,, relation que deux Cantons peuvent
,, avoir avec un troiſiéme, & non
,, pas par une alliance directe que
,, chacun des treize Cantons a avec
,, tous les autres. Par exemple, parmi
,, les huit vieux Cantons, Lucerne
,, n'a droit d'en appeller que cinq à
,, ſon ſecours, en cas qu'il fut atta-
,, qué ; mais alors quelques-uns de
,, ces cinq ont le droit d'en appeller
,, d'autres avec leſquels ils ſont alliés,
,, quoique Lucerne ne le ſoit pas : de
,, ſorte qu'à la fin ils ſont tous obligés
,, de marcher en vertu de leurs allian-
,, ces particulieres, & non pas en
,, vertu d'une alliance générale qui

L 3

„ fubſiſte entre tous les Cantons.

Juſqu'au commencement du ſeiziéme ſiécle, rien ne fut capable d'alterer l'union des Suiſſes. Zuinglé en 1516 précha ſes nouvelles opinions; elles ſe répandirent ; le goût de la nouveauté tenta pour la premiere fois le Corps Helvétique ; & ce que n'avoient pu faire l'ambition, la jalouſie, la différence d'intérêt ni un gouvernement établi ſur des principes condamnés par une ſage politique, fut l'ouvrage de quelques diſputes théologiques. L'aigreur qui s'y méla, les fit dégénérer en une guerre pouſſée avec vigueur, ſoutenue avec opiniâtreté, & qui ne finit qu'en 1531, en laiſſant à chaque Canton la liberté de profeſſer la Religion qu'il jugeroit à propos.

„ Avant le changement de Reli-
„ gion, dit l'Auteur que j'ai déja
„ cité, qui arriva en Suiſſe à peu près
„ au même tems qu'en Allemagne,
„ on n'y connoiſſoit d'autres Dietes
„ que les générales, & l'intérêt com-
„ mun de leur patrie étoit ménagé

„ avec beaucoup de zele & d'una-
„ nimité. Mais depuis qu'une partie
„ des Cantons a embraffé la Religion
„ Proteftante, & que l'autre a refté
„ attachée à la Catholique Romaine,
„ leur état a été divifé auffi-bien que
„ leur Eglife. Dès-lors leur confiance
„ mutuelle fe perdit; le zele de cha-
„ que Parti pour fa Religion engen-
„ dra des haines, ils devinrent jaloux
„ des deffeins l'un de l'autre; & l'on
„ peut dire que la réformation fut un
„ coup qui fendit en deux le Corps
„ Helvétique. Car comme l'intérêt
„ de la Religion entre plus ou moins
„ dans toutes leurs actions publiques,
„ les Dietes générales ne s'y affem-
„ blent à préfent que pour regler les
„ affaires de leurs Bailliages com-
„ muns, & pour conferver lés appa-
„ rences extérieures d'une union qui
„ n'eft plus parmi eux. Au lieu qu'en
„ effet toutes les affaires publiques
„ qui font de quelque importance,
„ fe traitent dans les Dietes particu-
„ lieres des deux Religions; dont
„ celles des Proteftans fe tiennent à

L 4

„ Araw , & celles des Catholiques
„ Romains à Lucerne : lequel étant
„ le Canton le plus puiſſant d'entre
„ eux , agit à leur tête , comme Zu-
„ rich eſt à la tête des Proteſtans.

Sur la fin de 1655 quelques habi-
tàns du Canton de Schwitz ayant
embraſſé la nouvelle Doctrine , voulurent ſe retirer dans le Canton de
Zurich , & y tranſporter leur bien.
On les arrêta , & malgré les remontrances des Proteſtans , & la protection qu'ils accordoient à ces fugitifs ,
ils furent condamnés à mort , & exécutés comme Anabaptiſtes. Il n'en
fallut pas davantage pour allumer la
guerre. Les Cantons de Zurich & de
Berne voulurent tirer vengeance du
Canton de Schwitz qui fut ſoutenu
par ceux de Lucerne , d'Ury , d'Undervald & de Zug. La France & les
Cantons de Bale , de Fribourg , de
Soleure & de Schaffouſe interpoſe-
rent leur médiation ; on en vint à un
accommodement , il fut ſigné à Bade
le 7. & ſelon d'autres Hiſtoriens , le
8. Mars 1656.

On convint en général que chaque Canton conferveroit fa Religion, fon indépendance, & fes droits de fouveraineté; que la décifion de tous les différends, quelque fut leur objet, qui pourroient s'élever entre les membres de la Ligue Helvétique, feroit remife à des arbitres. Qu'il y auroit liberté de confcience dans les Provinces qui font fujettes des treize Cantons; & que pour ce qui regarde le changement de Religion & la liberté de paffer avec fes effets d'un Canton dans un autre, chaque Contrée fe conformeroit à fes ufages anciens.

Cette paix ne devoit être qu'une paix plâtrée, puifqu'on ne regloit rien en particulier fur la caufe des démêlés qui avoient rompu l'union. Cependant des ftipulations auffi vagues & auffi peu propres à remédier aux troubles dont le Corps Helvétique étoit menacé, y entretinrent la paix jufqu'en 1712, que les Cantons de Zurich & de Berne prirent les armes en faveur des Toggenbourgeois.

L'Abbé de S. Gal, comptant fur la

protection des Cantons de Lucerne, d'Ury, de Schwitz, d'Undervald, & de Zug qui embrasserent en effet ses intérêts avec chaleur, vexoit depuis quelque tems le Comté de Toggenbourg. Ce Prelat formoit tous les jours de nouvelles prétentions sur des Sujets qui se flatoient d'être presqu'indépendans. Il voulut enfin les gêner dans l'exercice de leur Religion, & sur le champ on vit s'évanoüir la sagesse & la modération qui rendent le Corps Helvetique si recommandable dans l'Europe. Toute la Suisse fut en armes ; les Troupes s'assemblerent & marcherent ; les Catholiques furent battus à Bremgartin, & le premier Traité d'Araw fut conclu le 18 Juillet 1712.

La tranquillité publique auroit dèslors été retablie, si une disgrace étoit capable d'abattre la fermeté des Suisses. Les Cantons de Schwitz, d'Undervald & de Zug refuserent de ratifier la paix qu'on venoit de conclure. La guerre continua, & il y eut une seconde action à Wilmargue le 25

Juillet. Les Catholiques entierement défaits n'eurent d'autre reſſource que de ſigner le 9 Août 1712 le ſecond Traité d'Araw, qui confirmoit celui du mois précedent, & dont les conditions furent plus avantageuſes encore aux Vainqueurs. Mais ce ne fut que le 15 Octobre 1718 que les differends de l'Abbé de S. Gal avec le Comte de Toggenbourg furent définitivement terminés par le Traité de Bade.

Avant que de rapporter les articles de cette Pacification, auſſi célebre dans l'alliance Helvetique que les Traités de Munſter & d'Oſnabruck le ſont en Allemagne ; je dois faire remarquer que les Suiſſes, ne voulant pas ſacrifier leur liberté à l'envie de s'aggrandir, ne ſe mêlent jamais des conteſtations qui s'élevent entre les Puiſſances étrangeres. Ils obſervent une exacte neutralité ; ne ſe rendent garants d'aucun engagement, & ne tirent d'autre avantage des guerres qui déſolent ſouvent l'Europe, que de vendre indifferemment des hommes à leurs Alliés, & aux Princes qui ont recours à eux. Les Suisses croyent être assés puissans s'ils conservent leurs Loix. Ils habitent un pays qui ne peut exciter l'ambition d'aucun de leurs voisins ; & si j'ose le dire, ils sont assés forts pour le défendre contre les forces réunies de toute l'Europe. Invincibles quand ils seront unis, & qu'il ne s'agira que de fermer l'entrée de leur patrie, la nature de leur gouvernement ne leur permet pas de faire des progrès au dehors. Pourquoi donc s'intéresseroient-ils aux querelles de leurs voisins ? S'ils sont liés par des Traités de fraternité avec les Grisons, le Valais, Neufchatel, S. Gal, Geneve, Mulhausen, &c. & par conséquent obligés de les protéger & de les défendre contre les violences de leurs ennemis ; c'est que ces petits Etats ne peuvent les engager dans aucune mauvaise affaire, qu'ils n'ont aucune ambition, qu'ils respectent leurs voisins, & que formant pour la plûpart une barriere qui les couvre, il seroit de l'intérêt du Corps Helvetique de les fecourir quand il n'y feroit pas obligé par des Traités.

Les Suiffes ont des alliances avec le S. Siége, l'Empire, la Cour de Turin, la Maifon d'Autriche, le Grand Duché de Tofcane, &c. mais ces alliances ne font faites que pour un tems borné, & ordinairement elles ne doivent durer que pendant le regne du Prince qui les contracte, & les quatre ou cinq premieres années de celui de fon Succeffeur. Je me borne à dire que ces Traités ne font que de fimples capitulations fur les levées de Troupes qui feront permifes dans les Cantons, fur leur folde, leur difcipline, leurs privileges, & qu'en général ils ne contiennent rien d'affez intéreffant pour trouver place dans ce Recueil. Il n'en eft pas de même du Traité que le Canton de Berne conclut en 1712 avec les Provinces-Unies, ni des engagemens que Loüis XIV. prit la derniere année de fon regne avec les Cantons Catholiques & la République de Valais ; auffi en donnerai-je l'analife après avoir parlé des deux Traités d'Araw.

PAIX D'ARAW.

Les Cantons de Zurich & de Berne posséderont en propre le Comté de Bade avec ses dépendances, en y comprenant la Ville de Bremgartin. *Premier Traité d'Araw, article* 1. jusqu'alors ce pays avoit appartenu aux huit vieux Cantons qui l'avoient conquis en 1415 sur la Maison d'Autriche.

Toute la partie des Bailliages libres, appellés communément Frey-Amter, qui s'étendra jusqu'à la ligne droite tirée de Lunckhofen à Farwangen, sera cedée aux deux mêmes Cantons, en conservant cependant tous ses droits à celui de Glaris qui n'a point pris part à la derniere querelle. L'autre partie des Bailliages libres restera à ses anciens Maîtres. Le Canton de Berne sera associé à la Con-souveraineté des sept vieux Cantons, & son tour de Regence succédera à celui de Zurich. *Second Traité d'Ar. art.* 2. & 4. Les Frey-Amter avoient été conquis par les sept vieux Cantons sur la Maison d'Autriche en même tems que le Comté de Bade.

Zurich & Berne posséderont la Ville de Rapperswil avec ses dépendances. Ce dernier Canton sera admis au droit de Con-souveraineté sur la Thurgovie, le Rheintal & le pays de Sargans, & il exercera sa régence immédiatement après le Canton de Zurich. *Second Traité d'Ar. art.* 4. La Thurgovie & le Rheintal ont été conquis sur la Maison d'Autriche par les sept vieux Cantons. Appenzell en se faisant Canton, fut admis à la Con-souveraineté sur cette derniere Province. Les sept vieux avoient achetté le Comté de Sargans des derniers Comtes de ce nom.

Stein ne sera plus compris dans la souveraineté de la Thurgovie. La Régence de cette Ville appartiendra à ses Bourgeois, sans nuire cependant aux droits des Cantons de Berne, de Fribourg & de Soleure. *Premier Tr. d'Ar. art.* I.

On annulle & casse le Traité de

Paix de 1531. il fera regardé comme non avenu, celui d'Araw devant déformais faire loi entre les Cantons. *Premier T. d'Ar. art.* 2.

Les Cantons de Zurich & de Berne promettent de laiffer une entiere liberté de confcience aux habitans des pays qui leur font cédés ; de nommer aux Dignités Ecclefiaftiques des fujets pris tour à tour dans les cinq louables Cantons Catholiques qui en partageoient la Souveraineté, & de n'établir aucun nouvel impôt. Les Bourgeois qui voudront fe tranfporter dans quelque autre contrée de la Suiffe, ou même chez les Etrangers, ne payeront aucun droit de fortie ni d'aubaine pendant deux ans. *Premier T. d'Ar. art.* 1.

Dans les Provinces qui font foumifes à des Cantons de différente Religion, les Proteftans joüiront des mêmes privileges que les Catholiques ; il y aura une parfaite égalité entre eux. Les accufations & les informations fecrettes y feront abolies. Les orphelins auront des Tuteurs de leur religion.

gion. L'une fera appellée la Religion Catholique , & l'autre la Religion Evangelique ; & il eft également défendu à ceux qui les profeffent, d'employer des termes injurieux ou des railleries en parlant de leur culte refpectif. Un criminel condamné à mort, fera affifté par le Miniftre de la Religion qu'il demandera. *Premier Traité d'Ar. art. 2.*

Les Catholiques & les Proteftans auront leurs Fonds Baptifmaux & leurs Cimetieres particuliers dans les lieux où l'Eglife eft commune aux deux Religions ; les premiers qui y feront l'Office , feront obligez d'en fortir à huit heures du matin en été & pendant le printems , & à neuf heures dans les autres faifons , à moins qu'on ne prenne à l'amiable d'autres arrangemens. Si ceux d'une Religion veulent faire bâtir une Eglife à leur ufage , ils le pourront à leurs dépens. Dèslors ils perdront tout droit fur l'Eglife dans laquelle ils avoient part ; on leur permet toutefois de traiter pour cette renonciation. C'eft-à-dire , que les

Proteſtans qui voudront, par exemple, élever un Temple, pourront faire part de leur vûë aux Catholiques, & voir en quoi ceux-ci veulent contribuer à leur entrepriſe, afin d'avoir une Egliſe dans laquelle ils ſoient ſeuls les maîtres d'exercer leur Religion. *Premier T. d'Ar. art.* 2.

On partagera les Charges & les Magiſtratures entre des perſonnes des deux Religions. Le Greffier de la Thurgovie ſera Catholique, & la Charge de Land-Amman, dans le même pays, ſera poſſedée par un Evangelique. La premiere Magiſtrature du Rheintal & du Sargans, ſera entre les mains d'un Catholique; & la ſeconde, dans celles d'un Proteſtant. Les autres Officiers, tant Civils que Militaires, comme Baillifs, Juges du lieu, Huiſſiers, Officiers ordinaires, Procureurs, Avocats, &c. ſeront en nombre égal des deux Religions. Toutes les affaires concernant les droits de Régale, & les Ordonnances générales du Gouvernement, de la Police & du Militaire, ſeront portées à l'Assemblée générale des Cantons Con-souverains, qui nommeront un nombre égal de Commissaires choisis dans les deux Religions, pour porter un jugement définitif. Dans les Dietes générales, il y aura deux Secretaires, l'un Catholique, l'autre Evangelique; leurs Protocoles feront lus en pleine assemblée, & feront rendus conformes. *Premier T. d'Ar. art.* 2.

On ne pourra construire aucune fortification dans les Seigneuries communes; & si les Cantons Con-souverains venoient à avoir la guerre entre eux, aucun des deux partis ne pourra solliciter ni obliger les sujets communs à prendre les armes en sa faveur. *Premier T. d'Ar. art.* 2.

PAIX DE BADE. ABBAYE DE S. GAL, COMTE' DE TOGGENBOURG.

Le Comté de Toggenbourg sera sujet de l'Abbaye de Saint Gal, mais il conservera tous ses privileges an-

M 2

ciens. Le Conseil de ce pays sera composé de trente Catholiques & de trente Protestans, choisis par les habitans mêmes. Ce Conseil sera chargé d'imposer les contributions. Il veillera à la conservation des droits du Comté & à ses interêts. En cas que l'Abbé & le Chapitre de Saint-Gal lui refusent justice, il sera le maître de recourir à ses Alliés, & de demander leur protection. Les Toggenbourgeois professeront librement & à leur gré la Religion Catholique ou Protestante. Chacune des deux aura un nombre égal de Magistrats de sa Communion. Les revenus annuels du Comté seront partagés en deux parts, dont l'une appartiendra à l'Abbé de Saint Gal, & l'autre à la Caisse du pays, &c. *T. de Bade.*

CANTON DE LUCERNE, PRINCIPAUTÉ DE NEUFCHATEL.

Le Canton de Lucerne reçoit en sa Com-bourgeoisie le Duc de Longueville, Comte de Neufchâtel & de Va-

Iengin, de même que le pays & les hommes de ces deux Comtés, & promet de les défendre contre toute violence, telle qu'elle puisse être. *Traité de Lucerne conclu le 9. Novembre 1693.*

CANTON DE BERNE, PROVINCES-UNIES.

Les Etats Généraux des Provinces-Unies, & le louable Canton de Berne, se promettent une étroite & perpetuelle amitié. *Traité conclu à la Haye entre ces deux Puissances le 21. Juin 1712. art. 1.*

La République de Berne défendra les Provinces-Unies, si on les attaque dans leur propre domaine, ou dans la Barriere qui leur sera donnée par la paix. Les Etats Généraux seront les maîtres d'employer les troupes de ce Canton qu'ils tiennent à leur service, pour la défense de tous les pays que la Couronne de la Grande-Bretagne possede en Europe. *Traité de la Haye, art. 2.*

Le Canton de Berne laiffera aux Etats Généraux les vingt quatre Compagnies de fes troupes qui font à leur fervice ; mais fi quelque Puiffance étrangere l'attaque directement par quelque hoftilité commife fur fes terres , ou indirectement dans fa barriere , il pourra les rappeller. Si cette Republique n'eft en guerre qu'avec quelqu'autre Canton du Corps Helvetique , il ne lui fera pas libre d'exiger des Etats Généraux le renvoy de fes vingt quatre Compagnies ; mais les Provinces-Unies lui payeront dans ce cas un fubfide équivalent à la paye qu'elles donnent à ces Troupes. Elles payeront encore le même fubfide, fi le Canton de Berne ayant à foutenir une guerre étrangere , ne demande pas le rappel de fes vingt quatre Compagnies. En fuppofant leur rappel , le Canton de Berne s'engage de les rendre aux Etats Généraux , dès qu'il aura fait fon accommodement. Pendant la Paix les Provinces-Unies pourront reduire chacune des vingt quatre Compagnies Bernoifes à 150 hommes. *T. de la Haye*, art. 4. 6. 7. *& 11.*

Toutes les fois que les Provinces-Unies foutiendront une guerre défenfive, la République de Berne leur permettra de faire chez elle une levée de quatre mille hommes, & fournira les Recrues néceffaires pour tenir ce Corps de Troupes complet ; à moins qu'elle ne foit elle-même en guerre, ou qu'elle n'ait de juftes raifons de craindre des hoftilités de la part de quelqu'un de fes voifins.. *T. de la Haye*, art. 4.

Les Etats Généraux s'engagent à prendre la défenfe du Canton de Berne, de la ville de Geneve fa Barriere, & de fes Combourgeois les Comtes de Neuf-Chatel & de Valengin, Bienne & Munfterthal, toutes les fois que quelque Puiffance les attaquera. *T. de la Haye*, art. 5.

Les vingt quatre Compagnies Bernoifes qui font à la folde des États Généraux, ne feront données qu'à des Bourgeois de la Ville de Berne ou à des fujets du Canton. Lorfque les

Provinces-Unies feront de nouvelles levées dans le Pays de Berne, le Canton en nommera les Capitaines. *T. de la Haye*, art. 9. 10. & 12.

Il ne fera pas permis d'employer les Compagnies Bernoifes au préjudice des Traités, que les loüables Cantons du Corps Helvetique ont faits avec la France & la Maifon d'Autriche. Mais comme ces alliances font purement défenfives, la République de Berne ne fouffrira point que la France ou la Maifon d'Autriche, fe fervent de fes fujets au-delà des termes prefcripts, ni que ces Puiffances les employent contre les Provinces-Unies ou contre leur Barriere. *T. de la Haye*, art. 17.

Les Troupes Bernoifes à la folde des Etats Généraux, ne ferviront que fur terre. On ne pourra les tranfporter par mer dans aucun pays étranger: on excepte cependant le Royaume de la Grande Bretagne, quand il s'agira de fa défenfe. *Convention du 5. Janvier 1714. fignée à la Haye par les Etats Généraux & le Canton de Berne.* Cette

Cette piece ne contient que des détails peu interessans au sujet de la discipline des Suisses.

LIGUES GRISES, PROVINCES-UNIES.

Il y aura à perpetuité une union défensive entre les Etats Généraux des Provinces-Unies & les Ligues Grises. *Traité d'alliance entre ces deux Puissances, conclu à la Haye le 19. Avril 1713. art. 1.*

Les Ligues Grises s'engagent à défendre les possessions des Etats Généraux & leur Barriere. Les Provinces-Unies pourront employer les Grisons qu'ils soudoyent, à la défense de tous les Etats que la Grande - Bretagne possede en Europe. *Traité de la Haye, art. 2.*

Les Etats Généraux conserveront toujours à leur service dix Compagnies de Grisons, & il sera permis aux Officiers qui les commandent, de faire dans le Domaine des Ligues Grises les recruës nécessaires pour completter ce corps de troupes. Si les Ligues Grifes font obligées de foutenir une guerre défensive, les Provinces-Unies leur donneront par forme de fubfide, une fomme pareille à celle que leur coûte actuellement l'entretien des dix Compagnies Grifonnes & de leur Etat Major. Dans ce cas, les Ligues pourront rappeller les deux tiers de leurs Officiers, fi les Etats Généraux font en paix, & un tiers feulement s'ils font en guerre. A l'égard des dix Compagnies, on ne les rappellera dans aucun tems, ni dans aucune circonftance. *Traité de la Haye, art. 3. & 6.*

Si les Etats Généraux font attaquez par quelque Puiffance ennemie, ils leveront un corps de deux mille hommes & fes recruës fur le territoire des Ligues, à moins qu'elles ne foient elles-mêmes en guerre, ou qu'elles ne foient fondées à la craindre. *T. de la Haye, art.* 4.

Les Etats Généraux promettent de défendre en toute occafion les trois Ligues Grifes, leur Pays & leur Souveraineté. Ils accedent au Traité qu'elles ont paffé avec l'Angleterre le 13. Mars 1707. & s'engagent à employer leurs bons offices pour en procurer l'entiere exécution. *T. de la Haye, art.* 5. Le Traité dont il eft ici parlé, fut conclu à Coire entre l'Empereur Jofeph & la Reine Anne d'une part, & les Grifons de l'autre. Les Ligues avoient permis aux Troupes Imperiales le libre paffage fur leurs terres, à de certaines conditions que les Cours de Vienne & de Londres ne fe hâterent de remplir.

Les dix Compagnies Grifonnes à la folde des Provinces-Unies, feront données à des fujets des Ligues, & les Etats Généraux pourront les réduire chacune à 150. hommes en tems de paix. *T. de la Haye, art.* 7.

CANTONS CATHOLIQUES DU CORPS HELVETIQUE, RE'PUBIQUE DE VALAIS, FRANCE.

Tous les Traités d'alliance conclus

entre la France & le Corps Helvetique, feront fidelement obfervés. *Tr.*
de Soleure du 9. Mars 1715. entre
Loüis XIV. d'une part, & les Cantons
Catholiques de la Suiffe & la Républi-
que de Valais de l'autre, art. 2.

L'alliance de Soleure eft contractée
au nom de tous les Rois de France,
Succeffeurs de Loüis XIV. Ils la ra-
tifieront à leur avénement au Trône,
& promettront d'en remplir exacte-
ment tous les articles. Les Cantons
Catholiques de la Suiffe & la République de Valais renouvelleront en
même temps leurs promeffes. Alors
on pourvoira aux chofes qui n'auront
pas été prévûes dans ce Traité ; & on
remédiera aux abus que la différence
des conjonctures & le laps de temps
auront pu apporter dans l'obfervation
de quelque engagement. *T. de Soleure,*
art. 3.

Si le Royaume de France eft attaqué par quelque ennemi étranger ou
domeftique, les Cantons Catholiques
permettront, dix jours après qu'ils en
auront été requis, de faire chez eux

une levée qui n'excédera pas le nombre de 16. mille hommes. Elle se fera aux dépens du Roi très-Chrétien qui en nommera les Officiers. Ces troupes ne seront employées que sur terre. Dès que la guerre sera terminée, le Roi de France les renvoyera, après avoir payé la solde qui leur sera dûe jusqu'au jour de leur arrivée dans leurs maisons. *Trait. de Soleure , art.* 4.

Si le Corps Helvétique, ou quelque Canton en particulier, est attaqué par une Puissance Etrangere, le Roi très-Chrétien lui donnera tous les secours convenables. S'il est troublé par une guerre domestique , ce Prince employera ses bons offices pour porter les Parties à un juste accommodement. Mais en cas que cette voye ne réussisse pas, il employera ses forces sans exiger aucun subside, & obligera l'Agresseur à rentrer dans les regles prescrites par les alliances que les Cantons ont contractées. Les Rois de France prendront toujours sous leur protection & sous leur garantie les Traités que les Cantons feront

N 3

entr'eux. *Traité de Soleure, art. 5.*

Le Roi de France ne permettra à aucun de ses sujets de servir quelque Puissance que ce puisse être contre le Corps Helvétique. De leur côté les loüables Cantons ni leurs sujets ne pourront jamais agir hostillement contre la Couronne de France, soit en attaquant ses armées, soit en entrant sur les terres de sa domination. *Trait. de Soleure, art. 20.*

Si quelque Successeur de Loüis XIV. vouloit rentrer en possession des Terres & Domaines énoncés dans l'alliance que François I. contracta en 1521. avec le Corps Helvétique, les Cantons lui refuseront tout secours. *Trait. de Soleure, art. 22.* Les Domaines dont il est ici question, ce sont les Etats d'Italie sur lesquels les Rois de France avoient de justes prétentions, & qu'ils ont inutilement voulu conquérir par des guerres opiniâtres qui ont occupé les Regnes de Charles VIII. & de ses Successeurs jusqu'à Henry II. Loüis XIV. à l'exemple de ses Prédécesseurs qui ont traité avec les Suiſſes, ſe qualifie dans l'alliance de Soleure de Duc de Milan, Comte d'Aſt, Seigneur de Genes, &c. Ce Prince avoit pris les mêmes titres dans les renouvellemens d'alliance du 1. Juin 1658, & du 4. Septembre 1663.

On peut demander ſi l'uſage de prendre les titres de certaines Provinces qu'on ne poſſede pas, mais ſur leſquelles on a des droits, équivaut à une proteſtation, & ſuffit pour empêcher la preſcription. Il faut diſtinguer; ſi un Prince qui continue à prendre le titre d'une Principauté dont il a été dépoüillé, ne fait aucun acte d'où l'on puiſſe conclure qu'il autoriſe l'uſurpation de ſon ennemi, il n'eſt pas douteux que ſon titre ne tienne lieu d'une proteſtation continuelle. Mais s'il ſe dément dans ſa conduite, les qualités qu'il prend ne peuvent plus avoir aucune force, & on ne les regarde que comme l'ouvrage de ſa vanité. Ces titres ne ſignifient rien aujourd'hui dans l'Europe. J'ai oüi dire que Charles II. avoit eu envie de vendre à Loüis XIV. celui de Roi de France, dont les Rois d'Angleterre se parent; mais que le Ministre François à qui on en fit l'ouverture, se contenta de répondre en plaisantant, que le Roi son Maître avoit aussi un titre de Roi de Navarre dont il se déferoit à bon marché. Il est d'usage dans un Traité où l'un des Contractans prend une qualité que l'autre ne doit pas reconnoître, d'inserer une clause particuliere par laquelle on convient que les titres pris de part & d'autre ne préjudicieront à personne.

Dans le cas que les Suisses se liguassent avec la France pour faire la guerre à quelque ennemi commun, les Contractans conviendront des opérations militaires, & ne concluront que de concert des Traités de treve, de suspension d'armes & de paix. *Traité de Soleure, art.* 23.

Aucun des Contractans ne souffrira sur ses terres les ennemis de l'autre. On leur refusera le passage & tout secours. *T. de Soleure, art.* 27.

Si la France vouloit attaquer le S. Siege, l'Empire, la Maison d'Autriche, la Seigneurie de Florence, ou quelque autre Allié du Corps Helvétique, les Cantons & la République de Valais se réservent là faculté de ne point l'aider. Mais dans le cas que le Roi très-Chrétien fut attaqué par quelqu'une de ces Puissances, les contractans lui fourniront des secours. *T. de Soleure, art.* 34.

On s'oblige de part & d'autre à donner un libre passage aux troupes qui marcheront pour la défense de l'un des Contractans, ou qui n'iront même qu'au secours de quelqu'un de leurs Alliés. On observera sur la route une discipline exacte, & les soldats payeront en argent comptant tout ce qui leur sera fourni. *Tr. de Soleure, art.* 29.

L'alliance des Rois de France comme la plus ancienne du Corps Helvétique, sera préférée à celle de tous les autres Potentats. *T. de Soleure, art.* 35.

PAIX DE LA HAYE.

Portugal. Provinces - Unies.

Les Provinces-Unies renoncent à toutes leurs prétentions fur le Breſil, à condition qu'il leur fera permis d'y faire toute forte de commerce, à l'exception de celui du Bois de Breſil, & de naviger & commercer dans tous les Ports, Rades, Havres & Places que les Portugais ont fur les Côtes d'Afrique. *Traité de paix & d'alliance entre le Portugal & les Provinces-Unies, conclu à la Haye le 6. Août* 1661. *art.* 2. 3. & 4. Les Contractans reſteront en poſſeſſion des Villes, Places, Châteux, &c. dont ils fe trouveront faiſis, ſoit aux Indes Orientales ſoit ailleurs, quand la paix y fera publiée, chacun d'eux renonçant aux prétentions qu'il pourroit former. *T. de la Haye, art.* 6.

Les Provinces-Unies s'étoient emparées du Breſil & des Indes Orientales, pendant que le Portugal étoit ſous la domination des Eſpagnols.

Après que ce Royaume eut recouvré
son indépendance, il rechercha l'amitié des Hollandois, qui, malgré les
Traités, continuerent à lui faire une
guerre sourde. La Cour de Lisbonne
songea férieusement à sa défense, &
elle se conduisit avec tant de sagesse,
qu'elle réussit en 1657. à chasser entierement les Hollandois des établisse-
mens qu'ils s'étoient faits dans le Bre-
sil. Les Etats Généraux déclarerent
alors la guerre aux Portugais ; elle fut
terminée par le Traité que je viens de
citer, & dont je parlerai plus au long
dans le Chapitre du Commerce qui
terminera cet Ouvrage. Je dois cependant remarquer qu'il est dit dans
le quatriéme article de ce Traité, que
si le Roi de Portugal viole quelqu'une
des conditions de cette paix, les Provinces-Unies rentreront dans tous les
droits aufquels elles renoncent. Ceux
de Sa Majesté Portugaise doivent aussi
revivre, dans le cas que les Etats Généraux enfreignent quelque article du
Traité.

PAIX DE BREDA.

Angleterre. Provinces-Unies. France. Dannemarc. Evêché de Munster.

Il ne fe paffa rien de bien confidérable dans la guerre qui fut terminée à Breda le 31. Juillet 1667. entre l'Angleterre d'une part, & la France, le Dannemarc & les Provinces-Unies de l'autre. Les hoftilités avoient commencé deux ans auparavant à l'occafion de quelques Forts dont les Anglois s'étoient emparés dans la Guinée, & d'où les Hollandois les avoient chaffés. Les Provinces-Unies mal fecondées par des Alliés qui n'avoient embraffé leur querelle que parce qu'ils y étoient obligés en vertu de quelques Traités, confentirent aifément à s'accommoder. Cette paix ne changea point la fituation des Contractans. On fe rendit réciproquement tout ce dont on s'étoit emparé pendant la guerre, & après les articles ordinaires dans tous les Traités de paix, articles qui ne font en quelque forte que de ftile, ou qui n'ont rapport qu'aux circonf- tances préfentes, on ne ftipula gueres que des conventions qui regardent le commerce.

Depuis la mort de Charles I. Crom- wel, qui fous le titre de Protecteur d'Angleterre, en étoit devenu le Roi abfolu, ne manqua jamais d'exiger des Puiffances avec lefquelles il traitoit, qu'elles ne donneroient aucun azile aux Anglois fugitifs & rebelles, ni aux ennemis de fon gouvernement. En remontant fur le Trône de fon pere, Charles II. fuivit cet exemple, & dans le Traité de Breda les États Généraux s'engagerent à ne fouffrir aucun de fes ennemis dans leurs Do- maines.

Les navires de guerre & marchands des Provinces-Unies falueront, en abaiffant la grande voile & le pavillon du grand mât, les vaiffeaux Anglois qu'ils rencontreront dans les Mers Bri- tanniques. *T. de Breda, art.* 9. Treize ans auparavant Cromwel avoit forcé les Hollandois à ce falut, par le Traité

de Weſtmeinſter du 15. Avril 1654.
art. 13.

L'accommodement conclu entre Charles II. & Frederic III. Roi de Dannemarc, contient deux articles aſſez importans. Dans le premier on convient de l'abolition de la dette de 120. mille riſchdalles que le Dannemarc avoit contractée avec la Compagnie des Marchands Anglois établie à Hambourg. *T. de Breda, art. 5.* Par l'autre, Frederic III. conſerve ſes prétentions ſur les Iſles Orcades & l'Iſle de Hitland, que les Rois de Norvege avoient autrefois engagées à l'Ecoſſe, à condition de pouvoir les racheter à leur volonté. *Acte ſigné par les Ambaſſadeurs de Suede & de France au Congrès de Breda.*

L'Evêque de Munſter prit part à la querelle de l'Angleterre avec les Hollandois. Le Prélat qui occupoit alors le Siége de cette Egliſe, c'eſt le célebre Van-Galen, ſi connu par ſon génie & ſes qualités militaires. Toujours inquiet, toujours actif, le repos étoit pour lui un état violent, & il fut tour à tour l'ennemi ou l'allié de toutes les Puissances qu'il put attaquer, ou qui le mirent en état de faire la guerre. C'est lui que par plaisanterie le Cardinal de Boüillon appelloit le Monsieur Pavillon, l'Evêque d'Alet, d'Allemagne.

Ce Prélat, à qui Charles II. avoit promis des subsides considerables, entra dans la Province de Hover-Hissel; & comme s'il eut été question d'exterminer jusqu'au nom des Provinces-Unies, il commença les hostilités par des ravages dignes d'Attila. Il avoit déja fait plusieurs conquêtes, lorsque les Hollandois lui enleverent Lokon. Cet échec, les lenteurs de la Cour de Londres à lui envoyer des secours, & les bons offices de la France, le déterminerent à se prêter à un accommodement. Son Traité de Paix avec les Provinces-Unies, fut conclu à Cleves le 18. Avril 1666. l'Empereur, Loüis XIV. les Electeurs de Mayence, de Cologne & de Brandebourg, les Ducs de Neubourg, de Brunswich & de Lunebourg, & l'Evêque de Paderborn en furent garants.

Sauf tous les droits de l'Empire, l'Evêque de Munfter renonce à toute prétention de fuperiorité fur la Ville & le Château de Borculoë. *T. de Cleves.*

PAIX DE LISBONNE.

Efpagne. Portugal.

L'Efpagne cede à la Maifon de Bragance le Royaume de Portugal dont elle reconnoît l'indépendance, & ne retient en fon pouvoir que la Ville de Ceuta. *T. de Lifbonne du 13. Février 1668. art. 2.* Ce fut alors feulement que finit la guerre que ces deux Puiffances fe faifoient depuis 1640. qu'éclata la fameufe révolution, dont tout le monde connoît l'hiftoire. Les Efpagnols ne cefferent de traiter les Portugais de révoltés que quand ils défefpererent de les foumettre. La France avoit travaillé inutilement à leur réconciliation dans les Congrès de Weftphalie & des Pyrénées.

PAIX

PAIX D'AIX-LA-CHAPELLE.

France, Espagne.

A la mort de Philippe IV. Roi d'Espagne, arrivée le 17. Septembre 1665. Loüis XIV. prétendit que la Reine sa femme avoit des droits sur le Brabant, le Cambresis, les Duchés de Luxembourg, de Namur, &c. en vertu des Loix reçuës dans ces pays, par rapport aux successions. La France fit ses demandes à la Cour de Madrid, qui les rejetta avec hauteur. Refusant pendant un an & demi de se prêter à aucune négociation, elle fut assez imprudente pour ne pas mettre les Pays-Bas en état de défense. Loüis XIV. y entra à la fin du mois de Mai 1667. ses conquêtes furent rapides, Tournay & Oudenarde ne tinrent que deux jours, Doüay trois, & Lille neuf. Les Provinces-Unies jetterent l'allarme, & s'étant liguées le 28. Janvier 1668. avec l'Angleterre & la Suede, elles offrirent leur mediation, & notifierent qu'elles se déclareroient con-

Tome I. O

tre la Puiſſance qui rejetteroit la Paix.
Elle fut concluë à Aix-la-Chapelle le
2. Mai ſuivant.

L'Eſpagne cede à la France les
Villes & Places de Binch, Charleroy,
Ath , Doüay , Scarpe , Tournay ,
Oudenarde , Lille , Armentieres ,
Courtray , Bergues & Furnes , avec
leurs territoires & leurs dépendances,
pour en joüir en pleine ſouveraineté.
Le Traité des Pyrénées eſt rappellé &
confirmé dans tous ſes articles. *T.*
d'Aix-la-Chapelle , art. 3. 4. *&* 8.

PAIX DE VERSAILLES.

France. Genes.

La Republique de Genes ſur la fin
de 1683. donna divers ſujets de
mécontentement à la France. Cette
Couronne l'accuſoit de nuire à quelques branches de ſon commerce en
Italie ; de s'être déclarée d'une maniere indécente, & dans toutes les oc-
caſions , en faveur des Eſpagnols , &
d'avoir comploté avec eux de brûler
ſes galeres & ſes vaiſſeaux dans les

Ports de Marseille & de Toulon. Le Marquis de Seignelay chargé d'exiger une satisfaction sur tous ces griefs, parut avec une Escadre considérable à la hauteur de Genes le 17. Mai 1684. ce Ministre offrit la Paix aux Genois en les menaçant de les bombarder ; malheureusement leur Sénat se piqua d'une fermeté qui ne pouvoit durer. Il n'auroit point tenté de mesurer ses forces avec celles de la France , si les grandes terres que la plûpart de ses Nobles possedent dans le Royaume de Naples , ne l'avoient forcé à avoir des menagemens pour la Cour de Madrid. La Paix entre la France & Genes fut concluë à Versailles le 12. Février 1685.

La Seigneurie de Genes renonce à tous les Traités de ligue & d'association qu'elle peut avoir faits depuis le commencement de 1683. & désarmera les galeres qu'elle a équipées. *T. de Versailles , art.* 3. *&* 4. il est inutile de parler ici de ce qui regarde la Maison de Fiesque ; mais je ne dois pas passer sous silence le second article de ce Traité. Il est important en ce qu'il déroge aux loix fondamentales de la Republique de Genes.

Le Doge & les quatre Senateurs qui se seront rendus à la Cour de France, rentreront à leur retour à Genes, dans l'exercice de leurs Charges & Dignités, sans qu'il en puisse être mis d'autres à leurs places pendant leur absence, ni lors qu'ils seront retournés, sinon après que le temps ordinaire de leur Gouvernement sera expiré.

En 1672. il s'éleva quelques différends entre la Republique de Genes & le Duc de Savoye au sujet de leurs limites respectives. La médiation du Roi de France suspendit les premieres hostilités, & la paix fut signée à Turin le 8. Mars 1673. Je n'ai point rendu compte de ce Traité, qui n'apporta aucun changement dans les affaires des contractans.

ACCOMMODEMENT DE PISE.

Saint Siege. France. Maison Farneze.
Maison de Modene. Nation Corse.

La nation Corse sera déclaré incapable de servir dans Rome & dans toute l'étenduë de l'Etat Ecclésiastique.
T. de Pise , signé le 12. *Février* 1664.
art. 12. Ce Traité termina les querelles formées entre la Cour de France
& la Cour de Rome , au sujet de l'in-
sulte que la garde Corse avoit faite le
20. Août 1662. au Duc de Crequy.
Quand cette malheureuse affaire sur-
vint , les deux Puissances aigries l'une
contre l'autre , n'avoient point oublié
leurs démêlés au sujet des franchises.
La France exigea une réparation d'autant plus authentique , que le Pape
sembloit approuver l'attentat de sa
garde , & ne se rendit qu'à la crainte,
& non pas à la justice. Le troisiéme article du Traité de Pise regarde la fa-
meuse pyramide que Loüis XIV. permit de démolir en 1667. sous le Pon-
tificat de Clement IX.

Le Pape revoquera l'incameration des Etats de Castro & de Rosiglione. Le Duc de Parme en prendra possession, en payant à la Chambre Apostolique la somme qu'il lui doit d'un million 329 mille 750 écus. Cette somme sera délivrée en deux payemens égaux, & dans l'espace de huit ans. Au premier payement le Duc de Parme entrera en possession d'une moitié de ces Etats désincamerés. *T. de Pise, art.* 1. Cet article n'a jamais été exécuté, quoique le Duc de Parme ait fait toutes les diligences nécessaires pour rentrer dans les Duchés de Castro & de Ronciglione. La Cour de Rome qui étoit reconciliée avec la France, refusa constamment de se désaisir ; & la Maison Farneze, trop foible pour forcer le Pape à remplir ses engagemens, se contenta de protester contre les violences qu'on lui faisoit. Cette affaire auroit eu une issuë différente, si l'Infant Don Carlos qui avoit hérité de tous les droits de la Maison Farneze, n'eut cedé par la Paix de Vienne de 1738. le Duché de Parme à l'Empereur Charles VI. qui s'engagea de ne point pourſuivre la déſincameration de Caſtro & de Ronciglione.

Le Pape dédommagera le Duc de Modene des prétentions qu'il a ſur la Place & les Vallées de Comachio. *T. de Piſe*, *art.* 2. Cette convention n'a pas mieux été exécutée que la précédente ; mais les droits de la Maiſon d'Eſt n'ont été infirmés par aucun acte poſtérieur. Voyez le dixiéme Chapitre de cet Ouvrage, où je donne l'analyſe du Traité de Rome, que le Pape Benoît XIII. & l'Empereur Charles VI. conclurent le 25. Novembre 1724.

RENONCIATIONS.

MAISON D'ORLEANS. MAISON DE SAVOYE.

Anne d'Orleans, fille de Philippe de France, Duc d'Orleans, & de Henriette d'Angleterre, renonce à tous droits ſucceſſifs & autres qui lui pourroient appartenir & échoir du côté paternel. *Contrat de Mariage de cette Princeſſe avec Victor Amedée, Duc de Savoye, art.* 5.

MAISON DE SAVOYE. MAISON DE BAVIERE.

Adelaïde de Savoye, en se mariant à Ferdinand de Baviere, renonce à tous ses droits, moyennant une dot de 200 mille écus d'or ; cependant si la posterité de son frere Charles Emanuel II. Duc de Savoye, vient à manquer, cette renonciation sera regardée comme nulle, & non avenuë, & Adelaïde ou ses ayans cause, rentreront dans tous leurs droits. *Contrat de Mariage d'Adelaïde de Savoye avec Ferdinand, Prince Electoral de Baviere. 4. Décembre* 1650.

MAISON DE BAVIERE. FRANCE.

Marie-Anne Christine, Princesse Electorale de Baviere, & femme de Loüis, Dauphin de France, fils de Loüis XIV. fait une renonciation entiere & générale, en faveur des Princes de sa Maison, à tous les droits qui peuvent lui appartenir par sa naissance: *Contrat*

Contrat de Mariage signé à Munich le 31. Décembre 1679. art. 2.

ACQUISITIONS, CONCESSIONS.

France. Maison de Bouillon.

En échange des Souverainetés de Sedan, Raucourt, & de la partie du Duché de Boüillon, que la Maison de ce nom possede, le Roi de France lui donne les Duchés d'Albret & de Château-Thierry, les Comtés d'Auvergne & d'Evreux, &c. *Contrat passé à Paris le 20. Mars 1651.*

PROVINCES-UNIES.
ORDRE TEUTONIQUE.

Les Etats Généraux des Provinces-Unies cédent à l'Ordre Teutonique la Souveraineté du lieu & territoire de Gemert, à condition qu'on leur payera 40 mille florins, & que la Jurisdiction Civile de cette Place demeurera à la ville de Bois-le-Duc. *T. de la Haye du 14. Juin 1662. entre l'Archiduc Leopold, comme Grand Maître de*

Tom. I.   P

l'Ordre Teutonique , & les Etats Gé-
néraux des Provinces-Unies.

FRANCE. ANGLETERRE.

La France acquiert la ville de Dunkerque & son territoire , le Fort de
Mardik , le Fort de Bois, & le grand
& le petit Fort qui sont entre Dunkerque & Bergues - Saint - Vinox , en
payant cinq millions de livres tournois à Charles II. Roi d'Angleterre.
T. de Londres , du 27. Octobre 1662.
Le Cardinal Mazarin ayant formé le
projet d'enlever cette Place aux Espagnols, se ligua avec Cromwel, qui la
fit bloquer par mer , tandis que les
François en faisoient le siége par terre.
Une des conventions de cette alliance,
fut que Dunkerque resteroit entre les
mains des Anglois. On blâma beaucoup la politique du Cardinal Mazarin , & ce fut avec raison. On sent
combien il étoit fâcheux pour les François, que l'Angleterre , leur éternelle
ennemie , occupât sur leurs frontieres
une Place de cette importance. Le Mi-

niftre de France dit pour fa juftifica-
tion qu'il falloit s'attacher Cromwel,
& que la ceffion de Dunkerque étoit
le feul lien fur lequel on put compter.
Je crois qu'il eut tort ; l'intérêt du
Protecteur d'Angleterre étoit de fe déclarer contre l'Efpagne ; s'il fit fem-
blant de l'ignorer, ce fut une rufe pour
vendre plus cher fon alliance & fes
fecours aux ennemis de la Cour de
Madrid : Voilà ce qui trompa le Cardinal Mazarin, toujours trop porté à
croire ce qu'il craignoit.

SUEDE. PROVINCES-UNIES.

Le Roi de Suede & la Compagnie
Suedoife pour le commerce d'Afrique, renoncent à toutes leurs prétentions fur Cabo-Corfo, & tranfpor-
tent à la Compagnie Hollandoife des
Indes Occidentales tous les droits
qu'ils peuvent avoir fur cette Place
& fur leurs autres établiffemens de la
Côte de Guinée. *T. de la Haye du* 28
Juillet 1667, *art.* 5. Ce Traité fut
conclu pour arrêter le cours des hoftilités que les Commerçans de Suede

& de Hollande commençoient à faire les uns sur les autres. La Suede demandoit des arrérages de subsides qu'elle prétendoit lui être dûs par les Provinces - Unies. Cette République à son tour se plaignoit que la Suede ne lui eût pas fourni les secours convenus par les Traités précedens. L'une & l'autre se tiennent quitte de tout ce qu'elles pouvoient prétendre pour le passé. *T. de la Haye* , art. 7. *&* 8.

MAISON DE BRANDEBOURG. PROVINCES-UNIES.

Frederic-Guillaume , Electeur de Brandebourg , cede en toute propriété aux Etats Généraux le Fort de Schenk. *Article séparé du Traité conclu entre ces deux Puissances le 8 Mars 1678, à Cologne sur la Sprée.*

FRANCE. STRASBOURG.

Les Preteur, Consuls & Magistrats de Strasbourg & cette Ville reconnoissent le Roi de France pour leur

Souverain Seigneur & Protecteur. *Acte du 30 Septembre* 1681 *entre Loüis XIV. & les Magistrats de Strasbourg.* Cet Acte invalide par sa nature, a depuis été ratifié à la Paix de Ryswick par la Diéte générale du Corps Germanique.

FRANCE. ESPAGNE.

Les Sujets des Couronnes de France & d'Espagne pourront librement naviger & pêcher dans la Riviere de Bidassoa, dans son embouchure & dans la rade de Figuier. Il sera permis aux François de s'approcher de Fontarabie, & aux Espagnols d'Andaye, pourvu qu'ils ne soient point armés, ou qu'ils ayent obtenu des Gouverneurs de ces Places la permission respective de porter des armes. *Convention signée à Madrid le* 19 *Octobre* 1683.

P 3

MAISON DE SAVOYE.
PROVINCES-UNIES.

Victor-Amédée, Duc de Savoye, rétablit les Vaudois de la Religion Prétenduë Réformée dans la joüiffance de tous leurs biens, & leur accorde le libre exercice de leur culte, de même qu'à tout autre de fes Sujets qui voudra fe retirer & s'établir dans les Vallées des Vaudois. *T. fait à la Haye le 20 Octobre 1690.* C'eft par ce Traité que le Duc de Savoye acceda à celui qui fut conclu à Vienne le 12 May 1689 entre l'Empereur Leopold & les Provinces-Unies. Ce dernier Traité fut depuis appellé *la grande Alliance*, parce que tous les ennemis de la France le fignerent : j'en parlerai dans le Chapitre fuivant.

ALLIANCES. GARANTIES.
POLOGNE. DANNEMARC.

Les Rois & Etats de Dannemarc & de Pologne forment une alliance perpétuelle, & promettent de fe fecourir mutuellement de toutes leurs forces, toutes les fois que l'un ou l'autre des Contractans fera attaqué par la Suede. Ils s'engagent, dès qu'une fois ils auront pris les armes, à ne conclure aucun accommodement particulier. *T. d'Affnen du 28 Juillet 1657.* C'eft en conféquence de ce Traité que le Dannemarc fecourut la Pologne pendant la guerre que Charles-Guftave y porta, & qui fut terminée par la Paix d'Oliva.

Quelques Politiques blâment ces fortes d'alliances qui ne font point faites pour un tems limité. Ils remarquent avec raifon qu'il en naît un engagement qui peut devenir nuifible à l'une des Parties, quand les conjonctures font changées à fon égard, ou qui l'empêche fouvent de profiter des avantages que lui préfente le cours toujours varié des affaires. Si les grands Etats doivent s'interdire toute alliance perpétuelle, il n'en eft pas de même de ceux dont le vrai intérêt eft de ne fonger qu'à leur propre exiftence, en fe mettant fous la protection d'un voifin puiffant.

P 4

La clause par laquelle deux Alliés
fe promettent de ne conclure la paix
que de concert, a des bornes. ,, Il
,, ne feroit pas jufte, dit l'Auteur de
,, l'Effai fur les principes du Droit
,, & de la Morale, que le repos de
,, tous les Etats conféderés dépendît
,, abfolument d'un feul Allié, qui
,, s'obftineroit à rejetter des propo-
,, fitions de paix raifonnables. Tâ-
,, chons de fixer ces bornes comme
,, le Droit des Gens le demande.

,, Celui qui veut entrer en négo-
,, ciation pour la paix, ne doit rien
,, conclure avec l'ennemi commun,
,, fans en avoir fait part à fes Alliés,
,, & fans leur avoir en même-tems
,, déclaré qu'il ne fe détachera pas
,, d'eux, à moins qu'ils ne rejettent
,, des propofitions juftes en totalité.
,, Il doit de bonne foi n'agir que con-
,, féquemment à cette déclaration ;
,, en forte que tant que fes Alliés ne
,, s'obftinent point à rejetter des pro-
,, pofitions telles, qu'on en doive
,, regarder l'exécution comme un
,, jufte réfultat de la guerre, il ne faffe
,, point fa paix particuliere.

„ Mais s'ils s'obstinent à ne vou-
„ loir pas accepter de telles proposi-
„ tions, celui qui a amené la négo-
„ ciation à ce point-là en faveur de
„ ses Alliés, peut faire la paix en
„ son particulier, après les avoir
„ avertis de sa disposition à la con-
„ clure.

Rien n'est plus juste que les réflexions qu'on vient de lire, & elles
doivent servir de regle de conduite
aux Puissances, qui, en se liguant ensemble, ne sont point convenuës des
objets qu'elles se proposent par la
guerre. Mais quand elles ont stipulé
de ne poser les armes qu'après avoir
obtenu telle ou telle satisfaction, la
these change : les articles dont on est
convenu étant alors regardés comme
le juste résultat de la guerre, il faut
qu'ils soient remplis avant qu'un des
Alliés puisse faire sa paix particuliére;
à moins qu'il ne soit certain que son
Confédéré veut le gagner de vîtesse,
ou qu'il ne soit menacé de sa ruine
en continuant la guerre. Tout Prince
Confédéré qui, hors ces deux cas,

fe prête à quelque convention particuliére, contracte invalidement. Il peut par conféquent manquer à fes promeffes, pourvu qu'il fe remette dans la même fituation où il fe trouvoit quand fa paix a été concluë. En finiffant cette remarque, je dois avertir que tout Allié qui traite en particulier, doit avoir la prudence de ftipuler que fon accommodement fera compris dans les Traités définitifs de la paix générale.

FRANCE. NEUFCHATEL.

Il y aura alliance & amitié perpétuelle entre la Couronne de France & les Souverainetés de Neufchatel & de Valengin. Le Roi très-Chrétien pourra faire à fa volonté des levées d'hommes dans ces deux Comtés, après en avoir averti le Souverain. Tous ceux qui voudront entrer au fervice de France, feront les maîtres de le faire. Leur Prince ne les rappellera point qu'il ne foit attaqué; dans ce cas même fes Sujets ne pourront se retirer sans avoir un congé qu'on leur accordera toujours. Ils auront la même paye que les Suisses ; & dans toute l'étenduë du Royaume, ils joüiront des privileges accordés, ou qu'on accordera dans la suite, aux Cantons du Corps Helvetique.

Les habitans de Neufchatel & de Valengin ne serviront directement ni indirectement contre la France. Leurs Comtés refuseront tout passage à ses ennemis, & on le donnera à toutes les Troupes qui sont à la solde du Roi très-Chrétien. Deux Compagnies des Gardes-Suisses de ce Prince seront commandées par des Officiers nés dans ces deux Comtés, ou qui en seront originaires. *Traité conclu à Paris le 12 Décembre 1657, entre Loüis XIV. & le Duc de Longueville, Prince Souverain de Neufchatel & de Valengin.*

ANGLETERRE. PROVINCES-UNIES.

Si quelque Puissance, sans en excepter aucune, attaque l'Angleterre dans quelqu'une de ses possessions, ou commet contre elle quelqu'acte d'hostilité sur mer, les Provinces-Unies seront obligées d'envoyer à son secours, six semaines après qu'on en aura fait la réquisition, quarante vaisseaux de guerre. Quatorze de ces vaisseaux seront depuis soixante jusqu'à quatre-vingts piéces de canon, & de quatre cens hommes d'équipage. Quatorze autres depuis quarante jusqu'à soixante piéces de canon, & de trois cens hommes d'équipage au moins. Des douze autres vaisseaux, aucun ne sera au-dessous de trente canons, & de cent cinquante hommes d'équipage. Les Provinces - Unies fourniront encore six mille hommes d'Infanterie, & quatre cens chevaux.

Trois ans après l'expiration de la guerre, pendant laquelle les Provinces-Unies auront fourni ces secours, l'Angleterre leur remboursera leurs avances. Pour prévenir toute contestation sur cet article, les frais des quatorze vaisseaux de la premiere classe sont fixés à dix - huit mille six cens soixante-six livres sterling ; ceux des quatorze vaisseaux de la seconde classe, à quatorze mille livres sterling ; les douze autres sont évalués à six mille livres sterling ; les six mille hommes de pied à sept mille cinq cens livres sterling ; les quatre cens chevaux à mille quarante livres sterling, sans compter six mille livres sterling pour les frais de leur levée. *Traité conclu à la Haye entre l'Angleterre & les Etats Généraux, le 23 Janvier 1668, art. 1. & 4.*

L'Angleterre s'engage à remplir les mêmes conditions à l'égard des Provinces-Unies, soit qu'elles soient attaquées hostilement sur terre ou sur mer. *Traité de la Haye, art. 2.*

Les secours seront obligés de prendre l'ordre de la Puissance à laquelle ils auront été envoyés, & de lui obéir. *Traité de la Haye, art. 3.* Le Traité dont je viens de donner l'extrait, a été fait dans un tems que l'Angleterre & les Provinces-Unies se regardoient réciproquement comme des Nations que leur interêt de-

voit rendre éternellement ennemies.
Ce Traité eft trop célebre pour être
oublié ici, quoiqu'il n'ait jamais été
mis en exécution, & qu'il ait même
perdu fa force par l'alliance pofté-
rieure que Charles II. & les Etats
Généraux conclurent à Weftminfter
le 3 Mars 1678. On en trouvera l'a-
nalife dans le Chapitre fuivant.

C'eft l'ufage de convenir dans les
Traités d'alliance, que l'un des Contractans donnera fon fecours à l'autre,
dès que celui-ci fera attaqué hoftile-
ment dans quelqu'une de fes poffeffions. Bien des gens condamnent
cette maniere de ftipuler, & prétendent qu'elle eft vicieufe, en ce qu'elle
peut engager un Etat dans une querelle injufte, & changer une alliance
défenfive en ligue offenfive; car il
arrive tous les jours que le Prince qui
eft attaqué le premier par la voye des
armes, eft cependant l'agreffeur; foit
parce qu'il aura refufé une fatisfaction
légitime fur quelque grief, foit parce
qu'il ne veut pas fe défaifir d'un domaine qu'il poffede injuftement.

Il est facile de répondre à ces objections. Bien loin qu'on doive prêter des secours à un Allié qui se fait des ennemis par une conduite injuste, il est défendu de s'associer à sa querelle. On voit par-là que l'autre partie de l'objection qu'on me propose, tombe d'elle même, & qu'il n'est point à craindre qu'une alliance défensive change de nature, & devienne offensive. Il est vrai que dans le cas douteux, où les deux Parties semblent être autorisées à la guerre par des motifs également forts, on devra défendre les interêts de son Allié; mais il faut avoüer aussi que la morale ne peut désaprouver cette conduite.

Je crois qu'on a raison de stipuler, comme on le fait ordinairement; car étant question, lorsque l'on forme une ligue défensive, de marquer d'une maniere précise & claire le *cas de l'alliance*, il faut déterminer un point fixe, certain, & qui ne soit sujet à aucune contestation. Et quel autre point peut-on choisir qu'un acte d'hostilité? Tout autre grief, quel qu'il puiſſe être , qu'on voudra prendre pour le cas de l'alliance , peut former une ſource intariſſable de plaintes , de differends , de chicannes , de conteſtations. Les Traités d'alliance défenſive qui ſont ſi avantageux pour les Nations , deviendroient inutiles , parce qu'il ſeroit aiſé d'en éluder la force.

En ſuivant la méthode ordinaire de contracter , on aſſure le repos public. Un Prince qui ſçait qu'en commettant les premieres hoſtilités , il s'attire ſur les bras les forces des Alliés de ſon ennemi , eſt moins prompt à en venir à une rupture ouverte. Il réprime ſes paſſions ; il tente toutes les voyes de la négociation , & il n'oublie rien pour faire connoître la juſtice de ſa cauſe , & l'injuſtice de celle de ſon ennemi. Tout uſage qui eſt propre à étendre l'empire de la raiſon & de la bonne foi parmi les hommes , doit être adopté avidement , quoique dans de certains cas il puiſſe être ſujet à quelques inconveniens.

Autrefois on étoit très-exact à convenir dans les Traités d'alliance défenſive,

fenfive, qu'on ne donneroit les fecours promis que deux, trois & même quatre mois après que la réquifi-
tion en auroit été faite ; & cet inter-
valle devoit être employé à réconci-
lier les Parties belligérantes. Nos Plenipotentiaires modernes ont depuis
négligé ces claufes importantes ; il
n'eft prefque plus parlé dans leurs
Traités d'interpofer fes bons offices
& fa médiation, ce qui ne peut que
préjudicier au repos de l'Europe.

ANGLETERRE. DANNEMARC.

Il y aura une alliance perpétuelle
entre l'Angleterre & le Dannemarc,
& jamais aucune de ces deux Puiffances ne donnera de fecours direct ni indirect aux ennemis de l'autre. Si le Roi
de Dannemarc eft attaqué dans quelqu'une de fes poffeffions, l'Angleterre
le fecourra de toutes fes forces par
terre & par mer. *T. de Weftminfter du
9. Décembre 1669. entre l'Angleterre
& le Dannemarc, art. 3. & 4.* Il
n'eft point dit dans ce Traité que le

Tom. I. Q

Dannemarc doive prendre la défenſe
de l'Angleterre ſi elle eſt attaquée.

„ Les Societés, dit l'Auteur, que j'ai
„ déja cité pluſieurs fois, étant re-
„ gardées comme léonines, & conſé-
„ quemment étant ſujettes à réſilia-
„ tion, quand pour un avantage égal
„ on ne met pas en commun des va-
„ leurs égales ; il s'enſuivroit qu'en
„ vûe de beſoins égaux pour la dé-
„ fenſe commune, ſi les alliés pro-
„ mettoient des ſecours inégaux en
„ valeur, l'alliance pourroit être ré-
„ ſiliée, ou pourroit donner lieu au
„ Souverain qui auroit fourni les plus
„ grands ſecours, de demander d'en
„ être dédommagé. Néanmoins cette
„ alliance doit ſubſiſter, & ſans dé-
„ dommagement ; mais cela vient de
„ ce qu'il n'y a point d'injuſtice à ré-
„ gler les valeurs miſes en commun,
„ en proportion de la force des Etats,
„ ou de la généroſité des Souverains
„ qui s'allient enſemble. Ou, ſi l'on
„ veut, une pareille alliance aura rap-
„ port, non pas à un ſimple contrat
„ de ſocieté, mais à un contrat ſans

„ nom, participant de la nature de la
„ societé & de la donation.

DANNEMARC. PROVINCES-UNIES.

Si quelque Puissance entre hostilement dans un des Etats que Sa Majesté
Danoise possede en Europe, les Provinces-Unies lui envoyeront, à leurs
dépens, & deux mois après que la réquisition en aura été faite, les secours
qui seront jugés nécessaires pour sa défense. Si un premier envoi ne suffit
pas, les Provinces-Unies agiront de
toutes leurs forces, & déclareront la
guerre à l'agresseur, sans pouvoir
rien exiger du Roi de Dannemarc
pour les frais de cette guerre. *Traité
d'alliance perpétuelle entre Chrétien V.
& les Provinces-Unies, conclu à Coppenhague le 20. Mai 1673. art. 1.
& 2.*

Si les Etats Généraux se trouvent
dans le même cas, le Roi de Dannemarc leur envoyera, deux mois après
qu'ils l'auront requis, un secours de
quarante vaisseaux de guerre, & de

dix mille hommes de troupes de terre. Les Provinces-Unies lui payeront par an un subside de 600 mille Rischdalles pour l'équipement & l'entretien des vaisseaux; 110 mille Rischdalles pour la levée des troupes de terre, & 40 mille 245 Rischdalles par mois pour leur entretien. Si elles ont besoin d'un plus grand secours, le Roi de Dannemarc leur fournira vingt mille hommes de troupes de terre, & les Etats Généraux doubleront leurs subsides. Enfin le Dannemarc sera tenu, si les circonstances le demandent, d'agir de toutes ses forces, en déclarant la guerre. *T. de Copp. art. 3.*

Les opérations de la guerre seront concertées par les Généraux des deux Puissances, & aucune d'elles ne sera libre d'entamer une négociation, de conclure une treve ou la paix, sans le consentement de l'autre *T. de Copp. art. 5. & 11.*

FRANCE. SUEDE.

Il y aura une alliance perpétuelle

entre la France & la Suede pour le maintien des Traités de Weftphalie. Si l'un des Contractans eft attaqué contre les difpofitions de cette paix, l'autre lui prêtera toutes fes forces. *T. de Verfailles du 25. Avril 1675. entre Loüis XIV. & Charles XI. art. 20.*

POLOGNE. MAISON D'AUTRICHE.

De quelque nature que foient les différends qui pourroient s'élever entre la Maifon d'Autriche & la République de Pologne, ils feront toujours terminés à l'amiable. Il fera permis à chacun des Contractans de faire des levées d'hommes chez l'autre, pourvû qu'il l'en avertiffe auparavant, & que celui-ci ne foit point en guerre. *T. de Vienne du 24 Avril 1677 entre Leopold comme Chef de la Maifon d'Autriche, & Jean III. Roy de Pologne, art. 1. & 2.*

Le Grand Seigneur faifant des mouvemens qui menaçoient la Chrétienté, les mêmes Princes fignerent à Varfovie le 31 Mars 1683 un Traité d'alliance perpétuelle offensive & défensive contre le Turc. Ils en demandent la garantie au S. Siege, & promettent de faire jurer de leur part, par les Cardinaux Pio & Barberini entre les mains du Pape, l'entiere observation de tous les articles dont ils conviennent. L'Empereur Leopold renonce à tout ce que la Couronne de Pologne peut lui devoir pour les sommes qu'il lui a prêtées pendant la guerre de Charles Gustave. En un mot, les deux Contractans annullent toutes les prétentions qu'ils pourroient former l'un sur l'autre en conséquence de quelque convention ou pacte antérieur que ce puisse être.

MAISON D'AUTRICHE. ETATS DE TRANSILVANIE.

L'Empereur Leopold & les Etats de la Principauté de Transilvanie conclurent à Vienne le 28. Juin 1686. un Traité qui mérite d'être connu, & qui quatre mois après, c'est-à-dire, le 27. Octobre de la même année,

fut confirmé par un autre acte passé
dans le Camp Impérial près de Balasfalva. Je vais rapporter les articles
de ces deux Traités que je rappellerai
en parlant plus bas de la paix de Carlowitz.

Leopold s'engage à prendre la défense de la Transilvanie & des Territoires de Hongrie qui y ont été anne-
xés, toutes les fois qu'il en sera requis. Le Prince de Transilvanie com-
mandera en Chef les secours que la
Cour de Vienne lui envoyera. *Traité
de Vienne, art.* 1. *T. de Balasfalva,
art.* 1.

L'Empereur déclare qu'il ne prétend avoir aucun droit sur la Transilvanie ni sur les Terres qui y ont été
jointes; qu'il n'en prendra jamais ni
les titres ni les marques d'honneur,
& qu'il ne se mêlera en aucune façon
de son Gouvernement Ecclésiastique
ni politique. *Traité de Vienne, art.* 3.
6. 9. *&* 11. *Traité de Bal. art.* 3. 7.
& suivans.

Les Etats de Transilvanie conserveront la liberté de se choisir un Sou-

verain felon leurs privileges & leurs ufages anciens. Leur Prince pourra à fon gré contracter des alliances & former des ligues, pourvû qu'elles ne préjudicient en rien au Traité de Vienne qui doit durer éternellement. *T. de Vienne*, art. 7. & 8.

Les Princes de Tranfilvanie refuferont azile aux ennemis de la Maifon d'Autriche, & réciproquement cette Puiffance ne pourra donner retraite aux ennemis des Princes & Etats de Tranfilvanie. *T. de Vienne*, art. 12.

CHAPITRE IV.

Paix de Nimegue, Traités qui y ont rapport.

AVant que de rapporter les articles convenus par les Traités de Nimegue & dans ceux qui y ont rapport, il ne fera pas inutile, je crois, de faire connoître en peu de mots la fituation des Puiffances les plus confidérables de la Chrétienté depuis la

la pacification de 1648. jusqu'à la
guerre de 1672. & de remarquer
quels furent leurs principes de politique avant & après cette guerre célébre.

Jamais la France n'a été si puissante
que depuis la paix de Westphalie jusqu'à la guerre de Hollande. Ses forces
étoient supérieures à celles de chacun
de ses voisins, & les circonstances ne
permettoient pas à ceux-ci de se réunir contr'elle. En remettant en vigueur
les anciennes loix de l'Empire, on
avoit enlevé à Ferdinand III. la plus
grande partie de son autorité. Les
Dietes étoient libres ; les Princes
d'Allemagne avoient secoüé le joug ;
& concevant que leur liberté devoit
avoir pour base un équilibre de puissance entre le Chef du Corps Germanique & ses Membres, ils contracterent des alliances, & se liguerent avec
les Princes voisins qui pouvoient leur
prêter des forces & les faire respecter
de l'Empereur.

La liberté de l'Empire étoit un
rempart pour la France, & Ferdi-

Tome I. R

nand enchaîné par tous les Traités qui
précéderent la conclufion de la ligue
du Rhin, n'ofa en effet donner aucun
fecours à l'Efpagne, pendant la guerre
où elle refta engagée après la pacification de Weftphalie. Tout annonçoit
la foibleffe de cette Monarchie ; elle
avoit été obligée de reconnoître l'indépendance des Provinces - Unies ;
aux efforts inutiles qu'elle faifoit pour
foumettre le Portugal, on devoit juger qu'elle feroit enfin contrainte d'a-
bandonner ce Royaume à la Maifon
de Bragance, & de perdre avec lui
tout ce qu'il poffédoit aux Indes & en
Amérique. Soit que l'ancienne réputation de la Cour de Madrid empê-
chât de remarquer fa décadence, foit
qu'il reftât dans les efprits une certaine impreffion des dangers dont la
Maifon d'Autriche avoit menacé fes
voifins, Philippe IV. ne trouva aucun
Allié, & l'Europe vit fans émotion
les avantages des François.

Les Provinces - Unies, depuis fi
promptes à s'allarmer fur le fort des
Pays-Bas, ne fongeoient gueres alors

qu'à profiter des avantages de la paix,
pour étendre leur commerce. Les Ma-
giſtrats ne s'y étoient point encore
fait de principe fixe ſur les intérêts
reſpectifs de leur République avec
ſes voiſins. Les uns ſe rappelloient le
célebre Traité de Paris du 8. Fevrier
1635. qui leur abandonnoit tous les
Pays-Bas, à la réſerve de la Flandres, de l'Artois, du Pays de Luxembourg & des Comtés de Namur
& de Hainault, dont la France devoit
s'emparer ; & ils voyoient avec chagrin les Eſpagnols dans leur voiſinage.
D'autres ſe contentoient de déſap-
prouver leur accommodement particulier de Munſter, & croyoient qu'a-
près avoir manqué à la France, on
ne devoit s'attendre à aucune marque
de protection de ſa part. Ceux-ci la
redoutoient, & vouloient lui oppoſer
des ligues & des confédérations. Ceux-
là exhortoient les Provinces-Unies à
ſe borner à elles-mêmes, & à ne jamais prendre les armes que pour défendre leurs poſſeſſions. Au milieu de
cette diverſité de ſentimens trop ordi-

R 2

naire aux Républiques, & néceffaire
dans un Etat nouveau, il étoit comme impoffible de prendre un parti
décifif.

D'un autre côté l'Angleterre, qui
depuis le Regne d'Elifabeth ne s'étoit
point mêlée des affaires de l'Europe,
commença, il eft vrai, à y prendre
part après la mort de Charles I. mais
c'étoit de façon à ne pouvoir donner
de l'inquiétude aux François. Cromwel qui effaçoit en quelque forte par
la fageffe de fon gouvernement, l'in-
famie dont fon ufurpation l'avoit couvert, ne connoiffoit pas les maximes
qui ont depuis formé la politique du
Roi Guillaume & de fes Succeffeurs.
Il lui importoit peu qui de la France
ou de la Maifon d'Autriche feroit la
Puiffance la plus confidérable. Il ne
voulut qu'enrichir la nation qu'il avoit
affervie. Dès-lors il dut regarder de
mauvais œil les Provinces-Unies dont
le commerce étoit extrêmement floriffant; & bien loin de donner des
fecours à la Cour de Madrid, il ne
pouvoit que profiter de fon embarras

pour étendre le commerce des Anglois. C'est en conséquence de ces vûes que Cromwel se fit un art d'inquiéter les Etats Généraux, & que sans aimer la France, il se déclara contre les Espagnols, pour leur enlever Dunkerque & la Jamaïque.

Il étoit d'autant plus difficile qu'il se formât des ligues de quelque autre côté, que la guerre allumée dans le Nord en 1655, partageoit l'attention de toute l'Europe. Les Traités d'Oliva & de Coppenhague qui la terminerent, acquirent à la Suede la même réputation dont la France joüit après la paix des Pyrénées. La Russie ne joüoit aucun rôle. La Pologne qu'on peut comparer à un Géant enchaîné, n'obéissoit point encore à un Sobieski assez grand homme pour faire de grandes choses, malgré les vices de son Gouvernement. Le Dannemarc humilié sentoit vivement ses pertes ; elles avoient réveillé toute son ancienne antipathie contre la Suede ; mais sans ressource en lui-même & sans alliance, il étoit obligé de cacher son ressentiment. En un mot l'Empereur avoit tenté inutilement de se venger du Traité d'Osnabruch, il eut le chagrin & la honte d'en voir confirmer toutes les dispositions par le Traité d'Oliva.

La France voulut profiter des heureuses circonstances où elle se trouvoit, pour se venger des injures que les Espagnols lui avoient faites, & des maux que leurs intrigues lui avoient causés depuis le regne de Charle-Quint. Loüis XIV. porta la guerre dans les Pays-Bas en 1667, il s'agissoit de faire valoir les droits de la Reine sa femme après la mort de Philippe IV. Les succès des armées Françoises furent rapides; Charleroi, Bergues, Furnes, Ath, Tournay, Doüai, le Fort de Scarpe, Oudenarde & Lille se rendirent sans faire de résistance. Les Provinces-Unies en tremblerent, elles jetterent l'allarme, & la triple alliance fut signée entre l'Angleterre, la Suede & les Etats Généraux le 28 Janvier 1678. Ces trois Puissances se promettoient d'unir leurs forces pour contraindre Loüis XIV. à faire la paix.

Cet orage naissant intimida la France, & la paix fut bientôt conclue à
Aix-la-Chapelle. Mais c'est une question digne d'exercer les politiques, que
de sçavoir si Loüis XIV. malgré les
menaces de la triple alliance, n'auroit
pas dû continuer la guerre. Il auroit
fait vraisemblablement la conquête
des Pays-Bas, avant que les Alliés
eussent réuni leurs armes. Les Provinces-Unies n'étoient pas dans une
situation plus avantageuse qu'elles le
furent quelques années après en 1672.
Cette République, comme le lui re-
proche le Chevalier Temple, avoit
absolument négligé la partie militaire
de son Gouvernement; elle l'avoit
même dégradé en licentiant, par une
politique mal-entenduë, les anciennes
troupes ausquelles elle devoit sa fortune. Ses Milices de terre se trou-
voient alors dans un état d'autant plus
mauvais, que pendant la guerre qu'elle
avoit soutenue contre l'Angleterre,
& qu'on venoit de terminer à Breda,
elle avoit donné toute son attention à
ses forces de mer.

R 4

L'Angleterre, il eſt vrai, étoit une ennemie plus formidable ; mais ce n'étoit plus Cromwel qui y regnoit. Charles II. étoit remonté ſur le trône de ſes peres ; avec mille qualités eſtimables, ce Prince n'avoit aucune de celles qui font un grand Roi. Ami de ſes plaiſirs & du repos, on ne l'engagea à ſigner la triple alliance, qu'en le perſuadant que cette démarche impoſeroit à la France ; & vraiſemblablement il n'y conſentit que par les même motifs de pareſſe & d'indolence qui l'auroient empêché d'en remplir les conditions, ſi elle n'eût pas produit l'effet qu'il en attendoit. Charles n'étoit ni bon ami, ni dangereux ennemi ; & par conſéquent il méritoit peu qu'on le ménageât. On étoit toujours ſûr de le ſubjuguer par la voye de quelque miniſtre intriguant, de quelque maîtreſſe avide, ou de quelque favori ambitieux. D'ailleurs les Anglois & les Hollandois n'étoient reconciliés que depuis quelques mois ; & bien loin de ſe croire mutuellement néceſſaires, ils avoient encore les uns

contre les autres toute la haine que
peut infpirer la rivalité. Leur commerce étoit également floriffant ; les
premiers ne vouloient point fouffrir
d'égaus dans l'empire de la mer ; les
feconds refufoient de connoître un
fuperieur.

A l'égard de la Suede, il eft encore plus difficile de penfer que fon
alliance avec l'Angleterre & les Etats
Généraux fut férieufe. Quel intérêt
pouvoit-elle trouver à s'armer contre
la France ? Elle en eft trop éloignée
pour devoir craindre fon agrandiffement ; & fon amitié lui eft trop avan-
tageufe pour qu'elle dût fonger à affoiblir fa puiffance. Après tout, il
étoit aifé de rendre inutiles fes mau-
vaifes intentions, en foulevant contre
elle le Dannemarc, & même les Princes de la Baffe-Saxe ; car quoique les
François & les Suedois partageaffent
la gloire d'être les protecteurs de la
liberté Germanique , ils joüiffoient
dans l'Empire d'un crédit bien différent. La France qui s'étoit toujours conduite avec beaucoup de moderation

pendant la guerre, & dans le cours des négociations de Weftphalie qui la terminerent, n'infpiroit aucun foupçon aux Princes du Rhin fes voifins. Sa haine contre l'Efpagne, toutes fes vûës d'agrandiffement tournées du côté des Pays-Bas, la politique qui lui prefcrivoit de ne pas multiplier fes ennemis, tout leur répondoit de fon amitié. L'Empire, & furtout les Princes de la Baffe-Saxe, regardoient la Suéde d'un œil bien différent. On fe fouvenoit que cette Puiffance avoit gouverné avec dureté, & traité l'Allemagne en province vaincuë. Ayant enlevé à la Pologne & au Dannemarc tout ce qui étoit à fa bienfeance, ce n'etoit qu'en s'agrandiffant du côté de la Poméranie, qu'elle pouvoit affermir fon crédit dans le Nord.

Enfin la ligue que Loüis XIV. fit quelques années après avec Charles II. pour déclarer la guerre à la Hollande, & la facilité avec laquelle il engagea la Suede à faire une diverfion dans les Etats de l'Electeur de Brandebourg, prouvent que les liens de la triple

alliance n'étoient pas indissolubles.
Quoique les trois Alliés eussent garanti au Roy d'Espagne le Traité
d'Aix-la-Chapelle, il n'y eut en effet
aucune liaison sincere entr'eux. Malgré le Traité de Breda, les Hollandois affecterent toujours sur mer une
égalité d'autant plus choquante pour
les Anglois, que les Provinces-Unies
avoient acheté de Charles I. le privilége d'y prêcher ; & ces Republicains
se laissant conduire par l'intérêt de leur
commerce, furent plus attachés aux
Danois, les maîtres du Sund, qu'aux
Suedois.

La Guerre de 1667, & la Paix
d'Aix-la-Chapelle, n'apporterent donc
aucun changement à la situation politique de l'Europe. Si quelques Peuples
contracterent entr'eux des alliances,
elles furent sans force ; parce que la
nécessité n'en fut point le principe.
Tout changea de face quand la France liguée avec la Cour de Londres,
l'Electeur de Cologne, & l'Evêque
de Munster, déclara la guerre aux
Provinces-Unies. Les progrès rapides

de Loüis XIV. pendant la Campagne de 1672, firent craindre la ruine entiere de la Hollande. Les Anglois se crurent frappés du coup qui menaçoit cette Republique, & ceffant d'être jaloux de fon commerce, ils en devinrent les protecteurs, pour empêcher qu'il ne pafsât entre les mains des François. La Nation ne fit qu'un cri; les murmures, les plaintes éclaterent dans toute l'Angleterre; & Charles II. qui n'étoit pas encore parvenu au point d'ofer caffer les Parlemens, & de s'en paffer, dépêcha le Duc de Boucquinkam, & le Comte d'Arlington à la Haye, pour relever les efperances des Etats Généraux prêts à fubir la loi du vainqueur. C'eft, je crois, la premiere fois qu'on ait vu un Prince s'excufer auprès de fes ennemis du progrès de fes armes, les frapper, & les exhorter à fe défendre; & ce n'eft qu'un Roi d'Angleterre, conduit par fon intérêt particulier, & obligé de ceder aux volontés de fa nation, qui peut raffembler autant de contrarieté dans fa conduite.

Sur ces entrefaites le célebre Jean de Wit fut maffacré avec fon frere par la populace, qui les regardoit comme les auteurs de tous les maux dont la Republique étoit menacée. Ce grand homme qui a mieux connu que perfonne la conftitution & les intérêts de fon pays, vouloit que les Provinces-Unies, après avoir conquis leur liberté & leur commerce les armes à la main, n'altéraffent point par un amour infenfé de la gloire les principes que doit fuivre une Republique commerçante. Mais il étoit impoffible que fes Compatriottes écoutaffent les confeils de cette fage politique; leur Etat mêlé depuis fa naiffance dans toutes les grandes affaires de l'Europe, ne devoit que difficilement renoncer à cette confideration éblouïffante qui en eft le fruit. D'ailleurs la Maifon de Naffau & fes Partifans vouloient la guerre, pour ne fe voir pas réduits à n'être que de fimples bourgeois. Qu'importoit le bien public à cette faction puiffante? fon feul intérêt étoit d'employer aux frais de la guerre les produits du Commerce,

La ruine de Meſſieurs des Wit, fit l'élevation du jeune Guillaume, Prince d'Orange. Tous les regards ſe tournerent ſur lui ; le mérite de ſes peres, & les efforts que Jean de Wit avoit faits pour le tenir éloigné des affaires, parlerent en ſa faveur. En un mot il fut nommé ſans réſiſtance Gouverneur, Amiral & Capitaine géneral de Hollande. Ce Prince qui devoit être bientôt l'ame de l'Europe, & la remüer à ſon gré, commença à déployer ſes rares talens en ſe rendant le maître des Provinces-Unies. Pour leur inſpirer ſon courage, il lui ſuffit de repreſenter l'Angleterre comme prête à abandonner l'alliance de la France, tandis que l'Empereur & le Roi d'Eſpagne offroient leurs ſecours & leur protection aux Etats Généraux.

Le peril des Provinces-Unies leur valut l'amitié des Anglois, & les lia étroitement aux deux branches de la Maiſon d'Autriche. Il commença alors à ſe répandre en Europe que l'ambition des François la menaçoit des mêmes dangers que les ſucceſſeurs de

Charles-Quint lui avoient fait redouter. Ces bruits femés par le Prince d'Orange & fes Partifans, étoient appuyés par les Cours de Vienne & de Madrid. Elles fçavoient que la France les avoit abaiffées, en les faifant craindre comme des Puiffances qui tendoient à la Monarchie univerfelle, & elles efpererent de pouvoir à leur tour par la même voye reprendre leur premiere fupériorité.

On regarde communément la paix de Nimegue, comme l'époque d'une forte d'afcendant que la France a pris fur fes voifins; mais je crois au contraire qu'elle commença dès-lors à être moins puiffante. Il fe forma des ligues contre elle, & fes acquifitions diminuerent fes forces, en ce fens qu'elles irriterent fes ennemis, & donnerent des foupçons & des allarmes à fes Alliés. Si les François acquirent la gloire d'avoir fait rétablir la Suede dans prefque toutes fes poffeffions, ils perdirent d'abord la confideration que leur valoit l'amitié d'une Puiffance qu'on avoit cru invincible, & qui venoit de laiffer voir fa foibleffe, & quelques années après ils les virent même embraffer les intérêts de leurs ennemis.

Il femble que le miniftere de France auroit dû par politique tempérer l'éclat d'une gloire qui lui faifoit des jaloux ; ne travailler qu'à raffurer fes voifins ; renouveller & refferrer fes alliances ; &, s'il m'eft permis de parler ainfi, contreminer toute la politique du Prince d'Orange, qui, ne pouvant regner en Hollande qu'en faifant la guerre aux François, leur cherchoit des ennemis dans toute l'Europe. Bien loin de-là on fongea à des réunions, & il faut avoüer que rien ne pouvoit être plus favorable aux vûës de ce Prince, & à celles de la Maifon d'Autriche, que les Arrêts fi connus du Parlement de Befançon, & des Chambres Royales de Metz & de Brifac. La Capitulation de Strafbourg acheva de foulever contre la France l'Empire déja ébranlé. Il fe vit expofé à fes coups, quand il la croyoit toute occupée de l'Efpagne feule, & des

Provinces

Provinces-Unies. Il se crut offensé, & le péril présent lui fit oublier celui dont les Empereurs de la Maison d'Autriche l'avoient menacé. Le sistême établi dans l'Empire par les Traités de Westphalie fut ruiné. Les Princes d'Allemagne recoururent à la protection de Léopold ; leur crainte rendit à cet Empereur plus d'autorité que Ferdinand III. n'en avoit perdu, & dès-lors l'Empire fut l'ennemi de la France.

Ces sentimens éclatèrent par la ligue qui fut signée à Ausbourg le 9 Juillet 1686, entre l'Empereur ; le Roi d'Espagne, comme Duc de Bourgogne ; la Couronne de Suede, pour les Fiefs qu'elle possède dans l'Empire ; l'Electeur de Baviere, les Cercles de Baviere de Franconie, & les Ducs de Saxe ; & à laquelle les Princes & Etats du haut Rhin & du Westerwald, le Duc de Holstein Gottorp & l'Electeur Palatin accederent bientôt après.

Il ne fut plus question que de mettre des bornes à la puissance de la Monarchie Françoise ; l'Angleterre,

Tome I.   S

son ancienne ennemie, pensoit de même ; mais Jacques II. y regnoit, & son intérêt personnel l'attachoit à la France. Ce Prince, avant que de monter sur le trône, avoit eprouvé plusieurs traverses. Quoique jamais Roi d'Angleterre n'ait peut-être mieux mérité l'amour de ses Sujets, il en étoit haï. Le Prince d'Orange, son gendre, cabaloit continuellement contre lui, & laissoit entrevoir aux yeux perçans son dessein de s'élever sur ses ruines. Jacques avoit besoin d'un soutien au milieu de tant de dangers, & ce n'étoit que sur l'alliance de la France qu'il pouvoit compter, tout le reste de l'Europe étant aveuglement dévoüé aux vûës de ses ennemis. Il se seroit vraisemblablement soutenu, s'il n'eut protegé avec plus de chaleur que de prudence la Religion qu'il professoit. Son zèle lui fit trop oser pour un homme qui n'avoit dans l'esprit ni la fermeté ni les ressources nécessaires aux grandes choses ; il succomba sous son entreprise. Tout le monde sçait que le Prince d'Orange, connu depuis fous le nom de Guillaume III. defcendit en Angleterre en 1688, & feignant d'en être le liberateur, il s'empara de la Couronne qu'il voulut bien partager avec la Princeffe Marie fa femme.

La chûte précipitée de Jacques dut apprendre à Guillaume combien le trône des Anglois eft gliffant. Ce Prince tranfporta à Londres la politique qui l'avoit rendu à la Haye le maître des Provinces-Unies. Il fallut donner une pâture à l'inquietude Angloife, en l'occupant de fes voifins; enfin la France vit toute l'Europe foulevée contre elle. Il y avoit longtemps que le Prince d'Orange, cachant fes vûës d'agrandiffement fous une impartialité affectée, publioit qu'il ne fongeoit qu'à la sûreté de fa patrie, & que c'en étoit fait de la liberté de fes Alliés, fi la Monarchie Françoife n'étoit d'abord ramenée, & enfuite foutenue dans le dégré de puiffance où elle fe trouvoit placée par le Traité des Pyrénées. Ces difcours dictés par l'ambition, & adoptés par l'envie,

donnerent naiſſance au ſiſtême de l'é-
quilibre ; & tandis qu'on ne parloit
que d'oppoſer la Maiſon d'Autriche
à la Maiſon de Bourbon, & de balan-
cer leur puiſſance, toute l'Europe ne
ſongea en effet qu'à ruiner les François, & à établir la fortune de Guillaume.

Les fondemens de cette politique
furent jettés dans le Traité conclu à
Vienne le 12 May 1689, entre l'Empereur & les Etats Généraux. Cette
alliance, depuis appellée *la grande
Alliance*, parce que tous les ennemis
de la France y accéderent, portoit
qu'après la concluſion de la paix générale, les Contractans reſteroient
toujours unis. Ils ſe promettoient un
ſecours mutuel de toutes leurs forces
tant par terre que par mer, en cas que
quelqu'un d'eux fut attaqué par l'ennemi commun, & ils s'engageoient
de n'entendre à aucune propoſition
d'accommodement qu'on n'eût reçu
une entiere ſatisfaction. Il étoit ſtipulé
que ſi Charles II. Roi d'Eſpagne,
mouroit ſans laiſſer de poſtérité, on

feroit tous fes efforts pour établir l'Empereur & fes héritiers dans cette fucceffion ; & qu'on ne fouffriroit jamais qu'elle paffât au Dauphin. Les Alliés convenoient encore de ne rien oublier pour engager les Electeurs à donner l'Empire à Jofeph Roi de Hongrie , & que fi la France s'y oppofoit , on l'attaqueroit avec les forces réunies de la grande alliance. C'eft fur ces principes qu'on s'eft depuis conftamment conduit en Europe ; on le verra plus bas lorfque je parlerai de la pacification d'Utrecht ; je tâcherai en même temps de découvrir les vices de cette politique.

Je n'entrerai point dans le détail des évenemens de la guerre de 1672. Il fuffit de remarquer qu'elle fut terminée par quatorze Traités. L'Angleterre fit d'abord fon accommodement avec les Provinces-Unies le 19 Février 1674. Cette paix concluë à Londres, fut l'ouvrage des murmures des Anglois; de leur haine contre la France; de la crainte de perdre leur commerce dans la Méditerranée, fi l'Espagne leur déclaroit la guerre ; de la foiblesse de Charles I I. de son avidité pour l'argent qu'il prodiguoit, & de la liberalité des Provinces - Unies. L'Evêque de Munster & l'Electeur de Cologne suivirent cet exemple ; l'un fit sa paix le 22 Avril 1674, & l'autre le 11 May de la même année.

Les Assemblées pour la pacification générale, ne commencerent à Nimegue qu'au milieu de 1676 ; & dès les premieres Conférences, il fut aisé de juger que la négociation traîneroit en longueur. Aux demandes hardies de la Cour de Madrid, on auroit crû qu'elle étoit en état de faire la loi à la France. Persuadée qu'il étoit de l'interêt de l'Angleterre & des Etats Généraux de ne pas souffrir son agrandissement dans les Pays - Bas, elle éxigeoit la restitution des Places mêmes qu'elle avoit cedées par le Traité d'Aix-la-Chapelle. Les Ministres de Leopold étoient plus raisonnables ; ils ne faisoient aucune demande, parce que ses armes n'avoient eu aucun succès ; mais ils cherchoient à donner de la confiance aux Alliés, à les tenir unis, & à prolonger la guerre. La Suede souhaitoit sincerement la paix : elle auroit même consenti à l'acheter, si le Dannemarc & le Brandebourg eussent voulu la vendre à toute autre condition qu'en lui enlevant les domaines qu'elle possedoit dans l'Empire.

Le gouvernement de Loüis XIV. étoit trop éclairé pour se flatter de sortir avec succès du labirinthe où l'auroit jetté la conciliation de tant d'interêts opposés. Dans le tems qu'il poussa la guerre avec chaleur, il se fit un sistême de ruiner la ligue des ennemis, en leur débauchant quelqu'un de leurs Alliés. On jetta les yeux sur les Provinces-Unies. Par une suite d'évenemens connus de tout le monde, de partie principale, cette République n'étoit devenuë que simple auxiliaire dans cette guerre. Les Armées Françoises avoient abandonné le sein de ses Provinces pour se porter dans les Pays-Bas Espagnols. Les Etats Généraux s'étoient vûs trop

près de leur ruine totale, pour regarder comme un grand mal l'agrandiffement de la France du côté des
Pays-Bas. Ils ne pouvoient fe propo-
fer d'autre objet que la reftitution de
Maftricht que Loüis XIV. ne pouvoit conferver. En un mot l'ingrati-
tude dont ils payeroient les fervices
de leurs Alliés en les abandonnant,
devoit leur paroître moins odieufe
qu'une guerre qui tout-à-la-fois demandoit des fommes immenfes, &
tariffoit la fource de leurs richeffes
par la ruine de leur commerce.

Les Plenipotentiaires de France
entamerent leur négociation par une
fauffe démarche; comme s'ils avoient
ignoré combien les interêts du Prince
d'Orange étoient differens de ceux de
fa République, ou qu'ils euffent eu
quelque dédommagement tout prêt à
lui offrir pour ce que la paix lui feroit
perdre, ils tenterent de le gagner.
L'erreur ne fut pas longue; le Ma-
réchal d'Eftrades fentit le vice de fa
conduite; & s'appercevant même que
tous les Miniftres affemblés à Nimegue

gue étoient dévoüés à la faction du
Statouder ; il lia une correspondance
secrette avec quelques-uns des principaux membres des Etats Généraux. Il
ne fut bien-tôt question dans le Congrès que de vaines formalités ; toutes
les affaires respectives de la Couronne
de France & des Provinces-Unies se
traiterent à la Haye ; mais cette négociation marchoit lentement , parce
qu'elle étoit subordonnée aux opera-
tions de Londres où l'on ne sçavoit
prendre aucun parti, & que les Hollandois courageux ou timides, suivant
qu'ils se flattoient ou qu'ils désespe-
roient de porter l'Angleterre à faire
la guerre à la France, flottoient dans
une perpétuelle irrésolution.

On négocioit en effet, ou plûtôt
on intriguoit à la Cour de Londres.
Tout ce que le manége de Cour a de
plus rafiné, les François l'employoient
pour retenir Charles II. dans l'inac-
tion, & leurs ennemis pour l'attirer
dans leur parti. Ce Prince pouvoit
être l'Arbitre de l'Europe , il fut le
joüet de quelques hommes qui l'en-

Tom. I. T

touroient. Les Provinces - Unies se lasserent enfin d'esperer ; & quoique le Roi d'Angleterre eût contracté avec elles les engagemens les plus forts le 26 Juillet 1678 , elles ne laisserent pas quinze jours après de signer leur accommodement particulier avec la France. Cette conduite parut bisarre , elle étoit sage. Les Etats Généraux pouvoient-ils avoir beaucoup de confiance dans les Traités d'un Prince irrésolu , ami du repos , que chacun de ses Ministres conduisoit selon ses vûës particulieres , qui ne faisoit des promesses que par foiblesse , & qu'on soupçonnoit de vouloir étendre l'autorité du Prince d'Orange , gendre du Duc d'Yorc ? D'ailleurs personne n'ignoroit que l'Angleterre étoit dans un moment de crise. L'animosité des differens Partis étoit parvenuë au plus haut point ; & si les soins d'une guerre étrangere n'étoient pas capables de faire une diversion dans les esprits , & d'étouffer les semences de trouble ; quels avantages les Etats Généraux pouvoient-ils attendre de l'alliance de Charles II ?

L'Espagne fit sa paix particuliere avec la France le 17 Septembre 1678. Elle ne traita point avec la Suede. Ces deux Puissances qui n'avoient aucun interêt à démêler ensemble, firent seulement publier une déclaration, par laquelle, convenant qu'elles étoient tacitement comprises dans le Traité du 17, elles rétablissoient la liberté du commerce entre leurs Sujets respectifs, & leur défendoient de commettre les uns contre les autres aucun acte d'hostilité sur mer

L'Empereur hors d'état de continuer la guerre, s'accommoda avec la France & la Suede le 5 Février 1679. Il ne s'agissoit plus que d'engager le Roi de Dannemarc & l'Electeur de Brandebourg à poser les armes ; mais fiers des succès qu'ils avoient eus sur les Suedois, ces Princes ne vouloient point que les Traités d'Osnabruck & de Coppenhague servissent de base à leur accommodement. Ils furent cependant forcés d'y consentir. L'Empereur avoit promis (*Tr.*

de Nimegue entre l'Empereur & la France, art. 26. Traité de Nimegue entre l'Empereur & la Suede, art. 5.) ses bons offices pour les porter à la paix ; & en cas de refus de leur part, de donner un libre passage aux Troupes de France pour pénétrer dans leurs Etats. D'un autre côté les Ducs de Brunswic - Lunebourg, Zell & Wolfenbutel avoient signé à Zell leur accommodement le même jour que l'Empereur avoit fait le sien à Nimegue ; & l'Evêque de Munster, qui, après avoir abandonné l'alliance de la France, s'étoit ligué avec ses ennemis, convint par les deux Traités du 29 Mars de rappeller ses Troupes qui étoient jointes aux ennemis des Suedois.

Frederic-Guillaume, Electeur de Brandebourg, n'eut d'autre ressource que de hâter son accommodement, afin d'obtenir des conditions plus avantageuses. Il fut signé à S. Germain-en-Laye le 29 Juin 1679 ; & dans la suite ce Traité fut approuvé & confirmé par toutes les Puissances qui contrac-

tèrent au Congrès de Ryſwic. Chre-
tien V. Roi de Dannemarc, ſe vit
alors forcé de rechercher la paix. Ses
Miniſtres la conclurent à Fontainebleau le 2 Septembre 1679, & à
Lunden le 20 du même mois.

FRANCE. LORRAINE.

Les articles des Traités des Pyrénées & d'Aix-la-Chapelle, auſquels
il ne ſera pas dérogé par le Traité de
Nimegue conclu entre la France &
l'Eſpagne, conſerveront toute leur
force. *T. de Nim. France, Eſpagne,
art.* 26. La France & l'Empereur
conviennent de la même condition au
ſujet du Traité de Munſter. *T. de Nim.
France, Empereur, art.* 2.

Loüis XIV. & ſes Succeſſeurs demeureront ſaiſis du Comté de Bourgogne, en y comprenant Beſançon.
T. de Nim. Fr. Eſp. art. 11. Par un
acte paſſé à Vienne le 5 May 1651,
l'Empereur & l'Empire avoient tranſ-
porté à Philippe IV. Roi d'Eſpagne,
tous leurs droits ſur cette Ville qui
étoit Imperiale.

T 3

L'Efpagne cede à la France les Villes & Places de Valenciennes, Bouchain, Cambrai, Aire, S. Omer, Ypres, Warvick, Warneton, Poperinghen, Bailleul, Caffel, Bavay, Maubeuges, avec leurs Bailliages, Châtellenies, dépendances, &c. Les Rois de France en joüiront en toute fouveraineté ; & en cedant Ath à l'Efpagne, ils retiendront la Verge de Menin & Condé qui font de fa Châtellenie. *T. de Nim. Fr. Efp. art. 5. 11. & 12.*

Le Roi d'Efpagne promet d'engager l'Evêque & le Chapitre de Liége à ceder Dinant aux François, & d'obtenir le confentement de l'Empereur & de l'Empire pour la validité de cette ceffion. Si cette négociation n'a pas le fuccès defiré, Charlemont fera cedé à la France. *T. de Nim. Fr. Efp. art. 13.* La ceffion de Dinant n'eut pas lieu en effet, & Loüis XIV. entra en poffeffion de Charlemont.

L'Empereur donne à la France la Ville de Fribourg avec les Villages de Lehen, Metzhaufen & Kirchzart

qui en dépendent. Elle les poſſédera
en toute ſouveraineté , & aura la liberté d'y envoyer des Garniſons , &
toutes ſortes de munitions de guerre
ou de bouche , ſans être moleſtée , ni
payer aucun droit en paſſant ſur les
terres de l'Empire. *T. de Nim. Fr.
Emp. art. 5.*

La Ville de Nancy avec ſon Finage, ſera unie à la Couronne de France.
On tracera quatre chemins qui con-
duiront de cette Place à S. Diſier , en
Alſace , en Franche-Comté & à Metz.
Ils auront demi lieuë de large , & appartiendront en toute ſouveraineté au
Roi de France. *T. de Nim. F. Emp.
art. 13. 14. & 15.*

La France poſſédera en toute ſouveraineté la Ville & la Prévôté de
Longwi. En échange elle cédera au
Duc de Lorraine la Ville de Toul
avec ſon Finage. Ce Prince y·joüira
de tous les droits qui appartiennent à
la Couronne de France. *T. de Nim.
Fr. Emp. art. 16. & 17.* Les Miniſtres Impériaux & ceux de France
convinrent entr'eux par des écrits par-

T 4

ticuliers, & qui font joints au Traité qu'ils avoient figné, que fi le Duc de Lorraine ne vouloit pas foufcrire aux articles dont on étoit convenu pour lui, il feroit le maître de demander d'autres conditions, & la France de de les lui accorder, fans que l'Empereur pût regarder ces changemens comme une infraction faite au préfent Traité. Les Miniftres de Vienne promettoient encore que leur Maître ne prendroit point les armes pour faire valoir les prétentions du Duc de Lorraine, ou fous le prétexte de terminer fes différends. La même claufe avoit été autrefois inferée dans les Traités de Munfter & des Pyrénées. Bien loin que le Duc de Lorraine youlut ratifier les conditions qu'on avoit ftipulées pour lui, fon Miniftre protefta contre, le 21 Avril 1679, & ce Prince ne rentra point dans fes Etats.

MAISON D'AUTRICHE.

La France cédera à la Couronne

d'Espagne Charleroi, Binch, Ath, Oudenarde & Courtrai avec leurs Bailliages, Dépendances, &c. *T. de Nim. Fr. Es. art.* 4. Ces Places avoient été données à la France par le Traité d'Aix-la-Chapelle.

Il est décidé que les Ecluses de l'Occident & de l'Orient de la Ville de Nieuport, & les Forts qui y sont bâtis, n'appartiennent point à la Châtellenie de Furnes, & feront dorénavant inséparables de Nieuport. *T. de Nim. Fr. Esp. art.* 10.

Le Roi de France cede & transporte à l'Empereur tous les droits que le Traité de Munster lui a donnés sur Philisbourg. *T. de Nim. Fr. Emp. art.* 4. Voyez le premier Chapitre de cet Ouvrage.

ANGLETERRE. PROVINCES-UNIES.

L'exercice de la Religion Catholique sera rétabli & maintenu dans la Ville de Mastricht & dans ses Dépendances, conformément à la Capitulation que cette Place fit en 1632.

Traité de Nim. Fr. Holl. article 9.

Le Traité de Breda & toutes les alliances contractées antérieurement entre l'Angleterre & les Provinces-Unies, feront maintenus dans leur force. *Traité de Londre, art.* 7. Ces Traités d'alliance font oubliés par les deux Nations, depuis ceux qu'elles ont conclus à Weftminfter le 3 Mars 1678 & le 24 Août 1689, & dont je vais rapporter l'extrait dans cet article.

Dans toutes les mers qui s'étendent depuis le Cap de Finifter jufqu'à Van-Staden en Norvege, les navires de guerre ou marchands dès Provinces-Unies, foit qu'ils aillent feuls ou en flotte, falüeront en abaiffant leur pavillon & la voile de leur grand mât, tout vaiffeau qui portera le pavillon Anglois. *T. de Londre, art.* 4.

Il y aura une ferme & perpétuelle amitié tant par terre que par mer, tant au dehors qu'au dedans de l'Europe, entre l'Angleterre & les Provinces - Unies. Cette confédération aura pour principal but de maintenir les Contractans dans la poffeffion de tous les droits, franchifes & libertés dont ils joüiffent dans l'étenduë de l'Europe feulement, & qu'ils ont acquis par des conventions antérieures, ou qu'ils acquerront dans la fuite. *T. de Weftminfter de 1678. art. 1. & 2. T. de Weftminfter de 1689. art. 1. & 3.* Ce fecond Traité n'eft en quelque forte qu'une copie du premier qu'il rappelle & confirme, de même que les Traités de paix & de commerce fignés à Breda & à Londre en 1674.

Les Contractans fe garantiffent la poffeffion de tous les Pays, Villes, Places, Ports, &c. qu'ils poffedent en Europe, & l'entiere & exacte exécution de tous les Traités qu'ils ont paffés, ou que dans la fuite ils pafferont de concert avec quelqu'autre Puiffance que ce puiffe être. *Premier Traité de Weftminfter, art. 3. Second Traité de Weftminfter, art. 4.*

Si l'un d'eux eft troublé dans la joüiffance des pays, terres, droits, privileges & libertés de commerce &

de navigation qui lui font attribués ; l'autre interpofera d'abord fes bons offices ; mais fi on en vient à une rupture ouverte, il fe hâtera de lui donner des fecours. Dans ce cas l'Angleterre fournira dix mille hommes aux Provinces-Unies, & celles-ci fix mille hommes & vingt vaiffeaux de guerre à l'Angleterre. Ces fecours feront toujours entretenus aux dépens de la Puiffance qui les fournira, & feront entierement foumis aux ordres de celle à qui ils feront envoyés. Si la fituation des affaires exige qu'on les augmente, les Contractans en conviendront enfemble. La partie léfée dans fes droits pourra exiger que fon Allié fe déclare ouvertement deux mois après la premiere requifition qu'elle en fera. Celui-ci fera alors obligé d'agir de toutes fes forces par terre & par mer. *Premier Traité de Weftm. art. 4. & 5. art. féparés 1. 2. & 3.*

Dans ce dernier cas, aucun des Contractans ne pourra faire fon accommodement particulier avec l'ennemi commun, ni même entamer à l'infçû de l'autre aucune négociation de treve, de fufpenfion d'armes, &c. *Prem. Tr. de Weftm. art. 9. & 10. Sec. T. de Weftm. art 7.*

Il fera permis à celui des Alliés qui fera attaqué, ou qui fournira des fecours, de faire dans les Etats de l'autre des levées d'hommes pour augmenter ou completter fes Armées de terre ; mais il n'ufera de cette liberté que conformément aux Capitulations dont il fera alors convenu entre les Parties. *Prem. T. de Weftm. art. 11.* J'avoüe que j'ignore pourquoi des Négociateurs qui ont de la réputation, & qu'on ne peut certainement pas accufer d'ignorer leur métier, chargent des Traités de conditions auffi inutiles que celles-ci. J'aurois autant aimé qu'on eût fimplement dit que les Anglois & les Etats Généraux feront les maîtres de traiter en tems de guerre, pour fe permettre de faire refpectivement les uns chez les autres des levées d'hommes. Qui peut douter qu'ils n'ayent cette liberté ? Ce n'étoit pas la peine d'en convenir. Tout article de Traité doit donner ou ôter un droit ; former un engagement ; décider une queſtion équivoque, ou nommer des Arbitres pour en juger dans l'eſpace d'un certain tems. Les perſonnes un peu verſées dans la connoiſſance des négociations, ſentiront que cette remarque n'eſt pas inutile. Je dis quelque choſe de plus : Dans les Traités d'alliance, tels que ceux dont je viens de rendre compte, & par leſquels deux Puiſſances ſe promettent de ſe ſecourir réciproquement, on ne peut s'exprimer avec trop de préciſion, ni fixer d'une maniere trop déciſive la nature des engagemens que l'on contracte. Tout ce qui eſt vague & indécis peut donner lieu à des difficultés & à des conteſtations, & par conſéquent rendre inutile l'alliance, quand le cas d'en remplir les engagemens ſe préſente. Combien de fois n'eſt-il pas arrivé que deux Alliés ont conſumé en diſcutions & en vaines chicanes un tems précieux où il auroit fallu agir ? Je ſuppoſe que les Anglois ſoient attaqués, & qu'ils de-

mandent des fecours aux Provinces-
Unies , n'eft-il pas vrai que fi elles
font intéreffées à ne pas prendre
part à la querelle qui fe fera élevée ,
elles pourront fe fervir , pour éluder
la demande des Anglois , de l'article du Traité de Weftminfter que je
viens de rapporter ? Les Etats Généraux diront d'abord qu'ils ne manque-
ront point dans cette occafion de donner aux Anglois les preuves les plus
fortes de leur attachement & de leur
ancien dévoüement ; mais que man-
quant d'hommes , & ne pouvant dé-
garnir leur pays dans des conjonctures
auffi délicates & auffi critiques , ils
requiérent qu'en conféquence du onziéme article du Traité de Weftminfter
de 1678, il leur foit permis de lever
des hommes dans les Etats de la Grande Bretagne. Si les Anglois n'y con-
fentent pas , les Provinces-Unies ont
ce qu'elles demandent. Elles ne man-
queront point cependant de fe plaindre , & d'accufer leurs Alliés d'avoir
manqué les premiers à leurs promeffes.
Si l'Angleterre au contraire confent à

la levée demandée , voilà une négociation qu'il faut commencer. Les Etats Généraux feront les maîtres de la traîner en longueur ; ils feront naître incidens fur incidens, & le Traité de Weftminfter devient inutile moyennant ces nouvelles difcutions.

SUEDE. MAISON DE BRANDE-BOURG. MAISON DE BRUNSWIC.

Les Traités de Weftphalie ferviront de bafe à l'accommodement de la Suede avec l'Empereur , l'Electeur de Brandebourg, la Maifon de Brunfwic , & l'Evêque de Munfter & de Paderborn. Tous les articles aufquels on ne dérogera point par cette Pacification , conferveront leur force. *T. de Nim. Emp. Suede , art. 3. T. de Zell , art. 4. T. de Nim. Suede , Munfter , art. 3. T. de S. Germain-en-Laye, art. 4.* Les Traités de Rofchild , de Coppenhague & de Weftphalie feront exécutés dans tous leurs articles , de même que les actes qui y ont été joints & qui en font partie. *Traité de Fontainebleau,*

tainebleau, art. 4. *Traité de Lunden*, art. 4.

A l'exception de Dam, de Golnau & de leurs Dépendances, la Suede donne à l'Electeur de Brandebourg, toutes les terres qu'elle possede sur la rive droite de l'Oder. Cependant Golnau & son Territoire seront laissés en engagément à l'Electeur, & ce Prince sera tenu de les restituer à la Couronne de Suede, quand elle voudra les retirer en payant 50. mille écus. Cette même Puissance dérogeant au Traité de Stetin de 1653. renonce au partage des droits de péage que l'Electeur de Brandebourg leve dans les Ports & Havres de la Poméranie Ultérieure. *Traité de Saint Germain*, art. 7. 8. & 9.

La Suede continuera à joüir de tous les droits de souveraineté sur la riviere d'Oder, & l'Electeur de Brandebourg ne pourra bâtir aucune Forteresse, ni fortifier aucune Place dans l'étenduë des terres qui lui sont cédées. *Traité de S. Germain*, art. 12.

La Maison de Brunswic, à qui la

France fe charge de payer 300. mille
écus, fera mife en poffeffion de la
Prévôté de Dorwern, & de la portion de terre comprife entre le Wefer,
l'Aller & fes anciens Domaines ; mais
elle ne pourra y élever aucune Fortereffe, ni y établir de nouveaux Péages. La Couronne de Suede lui cede
encore le Bailliage de Tedinghaufen
avec toutes fes Dépendances, & lui
garantit la paifible joüiffance de toutes
ces nouvelles acquifitions. *Traité de
Zell*, *art. féparés* 1. *&* 3.

ARCHEVESCHE' DE COLOGNE.
EVESCHE' DE MUNSTER.

Les Provinces-Unies renoncent à
toute prétention fur Rhinberg & fur
fon territoire, qui feront remis à l'E-
lecteur de Cologne, Evêque de Liege. *T. de Cologne de* 1674, *entre les
Provinces-Unies & l'Electeur, art.* 5.

En reftituant la Ville & la Fortereffe de Weerth au Comte de Wal-
deck, l'Evêque de Munfter fe réferve
de faire valoir à l'amiable fes droits

fur cette Place. *T. de Cologne de* 1674 *entre ce Prélat & les Provinces-Unies, art.* 4. La France lui payera la fomme de 100 mille écus, & la Suede lui laiffera la joüiffance du Bailliage de Wildhaufen, jufqu'à ce qu'elle lui faffe compter 100 mille rifchdalles. *T. de Nim. Fr. Munfter, art.* 3. *T. de Nim. Suede, Munfter, art.* 6.

MAISON DE SAVOYE.

Les conditions ftipulées dans le Traité de Munfter au fujet du Duc de Savoye, font fpécialement renouvellées dans celui de Nimegue, conclu entre la France & l'Empereur. *Art.* 31.

MAISON DE BOUILLON.

Le Duc de Boüillon reftera en poffeffion du Château & de la partie du Duché de Boüillon qu'il poffède. Ses différends à ce fujet avec l'Evêque de Liege, feront terminés à l'amiable. *T. de Nim. Fr. Emp. art.* 28.

L'Evêque & le Chapitre de Liege, protesterent le 18 Fevrier 1679. contre cet article. Ils renouvellerent leurs plaintes & leurs protestations le 31 Octobre 1697. contre l'article de la paix de Ryswik, qui rappelle le Traité de Nimegue, & le maintient dans sa force.

DANNEMARC. MAISON DE HOLSTEIN-GOTTORP.

Le Roi de Dannemarc ayant des prétentions & une hypothéque sur Cruysand, il est reglé que le Roi de Suede en payera à Hambourg le fond & les intérêts selon la coutume d'Allemagne ; & que Sa Majesté Danoise restera en possession de cette Terre, jusqu'à son entiere satisfaction. Alors elle la rendra à la Couronne de Suede, sans aucune prétention ultérieure ; & cependant le Roi de Dannemarc ne fera construire aucun Fort, en joüissant des revenus qu'il en tirera pour les rabattre ensuite sur la somme des rentes. *T. de Lunden*, art. 10.

L'Empereur accordera sa protection au Duc de Slefwic - Holſtein-Gottorp, pour lui aſſurer la joüiſſance de tous les droits qu'il poſſéde dans l'Empire. *T. de Nim. Suede , Emp. art.* 7. Ce Prince ſera rétabli dans toutes les poſſeſſions, priviléges & libertés dont il doit joüir, en vertu des Traités de Roſchild & de Coppenhague. *T. de Fontainebleau , art. ſéparé. T. de Lunden , art.* 4.

Il étoit important de ſtipuler de la maniere la plus forte en faveur du Duc de Holſtein-Gottorp. Le Dannemarc en ſe déclarant quelques années auparavant (1675.) contre la Suede, s'étoit emparé de la plus grande partie des Domaines de ce Prince, & l'avoit forcé dans le Château de Rendſbourg, où on le tenoit priſonnier, de ſe dépoüiller lui-même, par un Traité, des droits qu'il avoit acquis à Roſchild & à Coppenhague. Rien n'étoit plus difficile que d'étouffer les ſemences de diviſion toujours prêtes à armer ces deux Puiſſances l'une contre l'autre ; les Traités étoient une foible barriere entr'elles , auffi le Duc de Holftein ne joüit-il pas long-temps avec tranquillité de la fortune qu'il devoit à la protection des Suedois.

Les premiers différends qui éclaterent entre la Cour de Coppenhague & celle de Gottorp , après la pacification de Nimegue , furent terminés le 20 Juin 1689. à Altena , par la médiation , & fous la garantie de l'Empereur Leopold , & des Electeurs de Saxe & de Brandebourg. Ce Traité rappelloit & maintenoit dans toute leur force ceux de Rofchild , de Coppenhague , de Fontainebleau & de Lunden. Le Roi de Dannemarc y renonce à l'hypothéque & aux droits qu'il prétend avoir fur le Bailliage de Trittau. Le Prince George, que les Médiateurs fe chargent de dédommager fans qu'il en coûte rien à la Couronne de Dannemarc, renonce auffi à toutes fes prétentions fur l'Ifle de Fehmeren, & fur les Bailliages du Trembfbuttel & de Heinhorft. *T. d'Altena , art. 2. 3. & 5. & Acte du Prince George de*

Dannemarc, fait à Hamptoncourt le 19 Juillet 1689.

Si l'on a fait attention à ce que j'ai dit du bifarre gouvernement des Duchés de Slefwic & de Holftein, dont le Duc qui en porte le nom, & le Roi de Dannemarc partagent la fouveraineté ; on ne fera point furpris que les engagemens les plus folemnels ne puffent maintenir la paix entr'eux. Quelque clair que fut le Traité d'Altena, chacun des Contractans l'expliqua à fa maniere, & l'on prit les armes de part & d'autre. Charles XII. Roi de Suede, dont j'aurai occafion de parler dans la fuite de cet Ouvrage, vint au fecours du Duc de Holftein fon Beau-frere, & fit une defcente dans l'Ifle de Zéeland. Ce Héros aux portes de Coppenhague, força les Dannois à la Paix ; elle fut conclue à Travendal le 18 Août 1700.

Quoique ces differends faffent en quelque forte partie de la Guerre célebre qui a changé dans ce fiécle la fituation & les intérêts du Nord, j'ai cru que le Traité de Travendal, dont je vais donner l'analyfe, appartenoit plutôt à la pacification de Nimegue, qu'à celles de Stokholm & de Neuftat, dont les principes font tout differens.

Les Traités de Rofchild, de Coppenhague, de Fontainebleau, de Lunden & d'Altena, feront fidellement éxecutés fuivant leur teneur. *T. de Travendal*, art. 2.

Les Rois de Dannemarc, comme Ducs-Regens des Duchés de Slefwic & de Holftein, ne fe pourront approprier aucun droit, aucune prérogative, aucune prééminence fur les Ducs de Holftein-Gottorp, comme Ducs-Regens des mêmes Duchés. Il y aura entr'eux une égalité parfaite. Tout ordre donné, tout réglement porté fans le confentement unanime & réciproque des deux Princes Regens, fera fans effet, & regardé comme non avenu. Chacun d'eux pourra cependant exercer à fon gré les droits de fouveraineté dans les Villes & les Bailliages, qui lui appartiennent en propre. *T. de Trav.* art. 3. & 4.

Dans

Dans le cas que quelque Puiſſance étrangere attaquât ou menaçât les pays de Sleſwic & de Holſtein, les deux Princes contractans ſeront obligés d'u-nir leurs forces. Mais ſous prétexte de cette défenſe l'un ne ſera pas tenu de ſe mêler des affaires qui ne le tou-chent pas, ou dans leſquelles l'autre pourroit s'être engagé ſans ſon con-ſentement & contre ſon avis. Le Duc de Holſtein-Gottorp & ſes Succeſſeurs auront le plein & franc droit des ar-mes, armemens, fortereſſes & allian-ces. Il ne leur ſera cependant per-mis d'élever des fortereſſes qu'à deux lieuës de celles qui appartiennent au Roi de Dannemarc, & à une lieuë de ſon territoire, & des chemins qui con-duiſent de Flenſbourg à Rendſbourg, & de-là à Itochoc, à Glukſtad & à Hambourg. Le Roi de Dannemarc prend à l'égard du Duc de Hol-ſtein Gottorp les mêmes engagemens. Ni l'un ni l'autre ne tiendra dans les Duchés communs plus de ſix mille hommes de troupes, à moins d'une néceſſité évidente. Le Duc de Hol-

Tome I. X

ſtein pourra ſe ſervir de milices étrangeres, pourvu qu'il les prenne de differens Princes, & que le même ne luï
fourniſſe pas plus de 3 mille hommes.
T. de Trav. art. 5.

Les Sujets du Duc de Holſtein, &
les marchandiſes qui ſeront transpor-
tées de quelque port de mer dans le
Bailliage de Tunderen, ou qui ſorti-
ront de ce territoire pour être embar-
quées, ne payeront aucun droit à la
Doüane du Lyſt. *T. de Trav. art. 11.*

L'accord fait en Glukſtad en 1657.
entre le Roi de Dannemarc & le Duc
de Holſtein-Gottorp, au ſujet de l'E-
vêché de Lubec, ſubſiſtera dans toute
ſa force. *T. de Trav. art. 8.* Par cet
accord la Maiſon de Dannemarc renonce au droit qu'elle prétendoit avoir
de poſſéder alternativement avec la
Maiſon de Holſtein, l'Evêché de
Lubec.

PROTESTATIONS.

Le Nonce Bevilaqua, Patriarche
d'Alexandrie, proteſta au nom d'In-

nocent XI. contre les Traités de Paix de Nimegue, en tant que ceux de Weſtphalie, y ſont rappellés, & leur ſervent de baſe. 7 Fevrier 1679. c'eſt, ſi je ne me trompe, la derniere fois que la Cour de Rome a fait des Actes de proteſtation contre la Paix de Weſtphalie. Ç'auroit été enfin compromettre ſon autorité que de tâcher d'affoiblir des Traités, qui ont acquis dans l'Empire autant de crédit que la Bulle d'Or même.

Proteſtation de la Maiſon de la Tremoille, ſignifiée le 16 Août 1679. aux Plénipotentiaires aſſemblés à Nimegue, au ſujet de ſes droits ſur le Royaume de Naples.

CHAPITRE V.

Pacification de Ryſwick.

ON a vu par les remarques que j'ai miſes à la tête du Chapitre précédent, quelle fut la conduite du Miniſtère de France après la pacification de Nimegue, & quelles étoient les difpofitions de fes voifins. Loüis XIV. fut inftruit de leurs mouvemens, de leurs intrigues, & de la ligue conclue à Aufbourg qui en étoit le réfultat. Il fçavoit que fes ennemis fe préparoient à fondre de tout côté fur lui ; il fallut les prévenir pour déconcerter leurs projets, ou du moins pour ne les pas craindre. L'orage qui menaçoit la France, étoit de nature à ne pouvoir être conjuré par des négociations. Voilà quelles furent les véritables caufes de la guerre de 1688. Les droits de Madame la Ducheffe d'Orleans fur la fucceffion de fon frere l'Electeur Palatin, & ceux du Cardinal de Furftemberg fur l'Archevêché de Cologne, n'en furent que le prétexte. Quelque importans que fuffent ces objets, ils ceffèrent de le paroître dès que la guerre fut allumée. A la paix on fe contenta de regler qu'il y auroit une amniftie générale pour le Cardinal de Furftemberg, pour fes parens & pour toutes les perfonnes qui lui avoient été attachés, & qu'on

les rétabliroit dans tous les droits,
biens féodaux, allodiaux, bénéfices,
honneurs, rangs & prérogatives dont
on les avoit dépouillés pendant la
guerre. A l'égard des contestations
de Madame la Duchesse d'Orleans
avec la Maison de Neubourg, il ne
fut rien décidé. L'Empire & la France
convinrent seulement, par un article
séparé de leur Traité, qu'on nomme-
roit dans un certain temps des arbitres
pour juger des demandes de Madame
la Duchesse d'Orleans, & que s'ils
ne pouvoient s'accorder, l'affaire seroit portée au Pape qui en décideroit
en dernier reffort. Je ne rends point
compte de ces deux jugemens, &
mon Lecteur, je crois, m'en sçaura
gré.

La paix signée à Turin le 29. Août
1696. entre cette Cour & celle de
France, & confirmée ensuite par tous
les Contractans de Riswick, fut en
quelque sorte le signal de la paix générale. Conformément au premier article de ce Traité, le Duc de Savoye
força les Alliés qu'il abandonnoit, à

X 3

confentir à une fufpenfion d'armes pour l'Italie. La France réunit dès-lors toutes fes forces fur le Rhin & dans les Pays-Bas, ce fût un avantage confidérable ; les conquêtes qu'elle faifoit de ces côtés-là n'étoient point infructueufes comme celles d'Italie que les François ne pouvoient con-ferver, & qui donnant par conféquent moins d'inquiétude à leurs ennemis, étoient moins capables de les forcer à rechercher la paix.

Les négociations de Ryfwick ne furent pas épineufes. Les efprits étoient moins occupés des intérêts de la guerre préfente, que de la querelle que la fucceffion d'Efpagne devoit faire naî-tre, & dont le moment n'étoit pas éloigné. Pour rompre la ligue formée contr'elle, la France étoit prête à abandonner prefque toutes fes con-quêtes. Pour ne fe pas trouver épuifés à la mort de Charles II. les Alliés au-roient accepté à des conditions moins avantageufes une paix qu'ils ne regar-doient que comme une treve nécef-faire au bien de leurs affaires. Le 20.

Septembre 1697. les Plénipotentiaires François fignerent la paix avec l'Efpagne, l'Angleterre & les Provinces-Unies, & le 30. du mois fuivant avec l'Empereur & l'Empire.

FRANCE. LORRAINE.

Les Traités de Weftphalie & de Nimegue ferviront de bafe au Traité de Ryſwick conclu entre la France d'une part, & l'Empereur & l'Empire de l'autre. Tous les articles aufquels il ne fera pas dérogé, conferveront leur force. *T. de Ryſ. Fr. Emp. art. 3.*

Les Traités des Pyrénées, d'Aix-la-Chapelle, & celui que la France & l'Efpagne ont paffé à Nimegue, font confirmés dans tous les articles aufquels on ne fera aucun changement par la Paix de Ryſwick *T. de Ryſ. Fr. Eſp. art. 29.*

L'Empereur & l'Empire donnent à la France Landau & fon territoire confiftant dans les Villages de Nuſdorff, d'Amheim & de Quieckeim.

X 4

Ils lui cedent encore Strasbourg, de même que toutes ses dépendances situées sur la rive gauche du Rhin, & tous les droits de souveraineté & autres qu'ils ont sur cette Ville Imperiale. *Tr. de Ryf. Fr. Emp. art.* 16. Loüis XIV. possédoit cette derniere Place depuis le 30 Septembre 1681, en vertu de deux actes; le premier étoit le Traité passé entre ce Prince & les Préteur & Consuls de Strasbourg, qui le reconnurent pour leur Souverain Seigneur & Protecteur : Voyez le troisiéme Chapitre de cet Ouvrage. Le second, c'étoit la treve concluë à Ratisbonne le 16 Août 1684 entre la France & l'Empire. Par sa nature même le premier de ces actes étoit nul, aucune Loi ne permettant à une Ville Imperiale de se séparer du Corps Germanique sans son consentement. Le second ne donnoit de droit à la France que pour vingt ans.

On a vû dans le premier Chapitre de cet Ouvrage, que le droit de souveraineté que le Traité de Munster

atrribuë à la France fur les dix Villes
de la Préfecture, & fur l'Alface entiere, fouffrit des difficultés dans le
Congrès de Nimegue de la part des
Miniftres de l'Empereur Leopold.
Cette affaire fut décifivement terminée par le quatriéme article du Traité
conclu à Ryfwick entre la France,
l'Empereur & l'Empire. Il y eft dit,
que tous les lieux & tous les droits
dont Sa Majefté très-Chrétienne s'eft
emparée au dehors de l'Alface, tant
pendant la guerre par voye de fait,
que fous le nom d'unions ou de réunions pendant la paix, feront reftitués à l'Empereur, à l'Empire, à fes
Etats & membres. Les réunions qui
regardent l'Alface font donc valides.
C'eft par les Arrêts du 22 Mars &
du 9 Août 1680, que la Chambre
Royale de Brifac mit le Roy de France en poffeffion des droits de fouveraineté fur la Baffe & Haute Alface.

Le Duc de Lorraine fera rétabli
dans fes Etats; & à l'exception de
quelques nouveaux articles dont on
eft convenu par les Traités de Ryf-

wick, il les poffédera aux mêmes conditions que le Duc Charles, fon oncle, les poffédoit en 1670. *T. de Ryf. Fr. Emp. art. 28.* Voyez dans le Chapitre premier l'article de la Maifon de Lorraine.

Les remparts & les baftions de la partie de Nancy appellée Ville neuve, & tous les ouvrages exterieurs de l'ancienne Ville feront démolis de même que les Fortifications des Châteaux de Biftch & de Hombourg, & on ne pourra jamais les rétablir. Le Duc ne fermera la Ville neuve de Nancy que d'une fimple muraille droite & fans angles. La France joüira en pleine fouveraineté de la Fortereffe de Saar-Loüis, avec fa Banlieuë qui s'étend à une demi lieuë ; & de la Ville & de la Prévôté de Longwi, en donnant en échange au Duc de Lorraine une autre Prévôté de même valeur dans l'un des Trois-Evêchés. Les Troupes du Roi très-Chrétien auront un libre paffage fur les terres du Duc de Lorraine. On avertira ce Prince de leur route, & les Soldats François gar-

deront une exacte difcipline, & payeront comptant tout ce qu'ils prendront. *T. de Ryf. Fr. Emp. art. 29.*
30. 32. 33. & 34.

L'EMPIRE.

La France reftituera à l'Empereur,
à l'Empire, & à fes Etats & membres
tous les lieux fitués hors de l'Alface,
dont elle s'eft emparée par la force
des armes, ou en vertu des Arrêts du
Parlement de Befançon & des Chambres de Metz & de Brifac, lefquels
feront regardés comme non avenus.
Cependant dans tous les lieux dont il
s'agit ici, la Religion Catholique demeurera dans le même état auquel elle
eft à préfent. *T. de Ryf. Fr. Emp. art.4.*
Cette derniere claufe, contraire aux
difpofitions des Traités de Weftphalie,
a caufé dans l'Empire des querelles
capables d'en ruiner l'harmonie.

Dans fa fignification jufte & pré-
cife, elle ordonnoit feulement que
les Eglifes conftruites par le Roy de
France dans les lieux reftitués, ne

feroient point démolies , & que les Catholiques continueroient à pouvoir s'y affembler. L'Electeur Palatin , l'Archevêque de Mayence , & quelques autres Princes étendirent le fens de cette claufe , & par des raifonnemens forcés prétendirent en inferer que les Proteftans ne pouvoient avoir le libre exercice de leur Religion dans les lieux où les Catholiques avoient des Eglifes. Recherchant même avec foin toutes les Villes , Bourgs , Villages & Hameaux où l'on avoit dit une fois ou deux la Meffe par occafion , ils y firent élever des Chapelles.

On imagine aifément avec quelle chaleur les Princes Proteftans d'Allemagne dûrent fe foulever contre ces prétentions , puifque , de concert avec le Roi de Suede qui avoit été le Médiateur de la paix , ils refuferent de figner le Traité de Ryfwick. Leurs plaintes & leurs remontrances recommencerent en 1714 , pendant le Congrès de Bade. Ils demanderent la révocation de la claufe de Ryfwick , & quoiqu'ils fuffent appuyés de leurs Alliés, des Puiſſances maritimes, & que la France les favorisât, ils ne purent obtenir aucune ſatisfaction.

Cette querelle s'aſſoupit enfin, mais elle ſe réveilla en 1735, quand il fut queſtion de regler les préliminaires de la paix qui fut concluë à Vienne quelques années après. La France déclara encore dans cette occaſion qu'elle laiſſoit la déciſion de cette affaire à l'Empereur & à la Diéte de l'Empire; que par la clauſe du quatriéme article de Ryſwick, elle n'avoit en aucune façon prétendu affoiblir les droits dont les Proteſtans d'Allemagne joüiſſent en vertu de la Paix de Weſtphalie; & qu'elle n'avoit voulu exiger autre choſe que de laiſſer ſubſiſter les Egliſes que Loüis XIV. avoit fait bâtir en faveur des Catholiques. Les Princes & Etats de la Confeſſion d'Auſbourg ne furent point écoutés,

Il y a apparence qu'ils abandonneront la pourſuite de cette affaire. Ils ont échoüé à deux repriſes; & le ſuccès en ſeroit d'autant plus difficile aujourd'hui, qu'il faudroit exercer une forte de proscription contre les Catholiques, en les dépoüillant de ce qu'ils possedent. D'ailleurs les Princes de la Communion Romaine ont à-peu-près retiré de la clause de Ryswick tous les avantages qu'ils en pouvoient attendre ; & il est raisonnable de penser que désormais leur modération fera oublier aux Protestans le tort que leur a fait la Paix de Ryswick.

La France donnera à l'Empire le Fort de Kell qu'elle a bâti, & fera démolir à ses dépens celui de la Pile, & les autres Fortifications élevées dans les Isles du Rhin, à la réserve du Fort Loüis. Les Fortifications de cette Forteresse & de Huningue, qui s'étendent sur la rive droite du Rhin, seront détruites de même que les Ponts qui y communiquent. Les Fortifications ajoutées aux Châteaux de Trarbach, de Kirn & d'Eberimbourg auront le même sort, ainsi que la Forteresse de Montroyal sur la Moselle. Aucune de ces Fortifications ne pourra être rétablie dans la suite par l'un ni l'autre des Contractans. La navigation du Rhin fera libre aux deux Puiffances : on ne pourra détourner le cours de ce Fleuve, y établir de nouveaux Péages, ni augmenter les droits des anciens. *T. de Ryf. Fr. Emp. art.* 18. 23. *& fuivans.*

Le Roi de France cede à l'Empereur & à fa Maifon la Ville & la Citadelle de Fribourg, le Fort Saint Pierre, celui de l'Étoile, toutes les Fortifications conftruites dans la Forêt Noire & dans le Diftrict du Brifgaud, les Villages de Lehen, Metzhaufen, Kirchzart, la Ville de Brifac avec fes dépendances fituées à la droite du Rhin. Le Fort du Mortier demeurera au Roi très-Chrétien ; mais la partie de Brifac fituée fur la rive gauche du Rhin, & qu'on appelle la Ville neuve, fera démolie de même que fon Pont, & le Fort conftruit dans l'Ifle du Rhin. Il ne fera permis en aucun tems de les réparer. *Tr. de Ryf. Fr. Emp. art.* 19. *&* 20.

Le Traité de S. Germain-en-Laye du 29 Juin 1679, entre la France & l'Electeur de Brandebourg, fera rétabli, & est confirmé dans tous ses points. *T. de Rys. Fr. Ang. art.* 14. *T. de Rys. Fr. Holl. art.* 15. *T. de Rys. Fr. Emp. art.* 7. Voyez dans le Chapitre précédent l'article de la Maison de Brandebourg.

L'Ordre Teutonique joüira de tous ses privileges anciens à l'égard des Commanderies & des autres biens qu'il possede dans les Domaines du Roi de France. Ce Prince lui accordera les mêmes immunités que ses Prédécesseurs ont données à l'Ordre de Malthe. *Traité de Rys. Fr. Emp. art.* 11.

Le Comté de Montbéliard conservera son immédiateté à l'Empire, sans avoir égard à la foi & hommage rendus à la Couronne de France en 1681. Le Bourg de Baldenheim relevera avec ses dépendances du Comté de Montbéliard. *T. de Rys. Fr. Emp. art.* 13.

ESPAGNE.

La France restituera à la Couronne d'Espagne la Ville & le Duché de Luxembourg,

xembourg, le Comté de Chiny & leurs dépendances. *T. de Ryf. Fra. Efp. art. 5.* Les François étoient reftés en poffeffion de ce pays, en vertu de la Treve, conclue pour vingt ans à Ratifbonne le 16 Août 1684, entre la France & l'Efpagne. Tout le monde fçait que la Cour de Madrid, cherchant à éluder par des longueurs affectées l'éxecution des articles dont elle étoit convenüe à Nimegue, la France fit quelques hoftilités, dont la Treve de Ratifbonne arrêta le cours. Loüis XIV. ne pouvoit gueres trouver de circonftance plus heureufe pour attaquer la Maifon d'Autriche ; mais il ne voulut pas profiter de l'embarras où les Turcs l'avoient jettée en portant la guerre en Hongrie.

Par la Paix de Nimegue, la France en cédant Ath aux Efpagnols, avoit confervé la Verge de Menin & Condé qui en dépendent. Elle retint encore par la Paix de Ryfwick, Anthoin, Vaux, Guaurain, Ramecroix, Bethomé, Conftentin, le Fief de Paradis, Kain, Havines, Meles, Mour-

Tome I. Y

court , le Mont Saint Audebert dit
de la Trinité , Fontenoy, Maubray ,
Hernies, Calvelle & Viers, qui font
des dépendances d'Ath. La Généralité des Provinces de Flandres , de
Hainault & de Brabant , appartiendra
au Roi d'Espagne , mais fans préjudicier en aucune façon à ce qui été
cédé à la France par les Traités pré-
cédens. *T. de Ryf. Fr. Esp. art.* 7.
& 10.

Tous les lieux , Villes, Bourgs ,
Villages & Hameaux que le Roi Très-
Chrétien a réunis à fa Couronne , depuis le Traité de Nimegue , dans les
Provinces de Namur & de Luxembourg, dans le Brabant, la Flandres
& le Hainault, &c. feront rendus au
Roi d'Espagne , à la réferve de 82.
Bourgs , Villages ou Hameaux , que
la France regarde comme des dépendances de Charlemont, de Maubeuge ,
& de quelques autres Villes cédées
par les Traités d'Aix-la-Chapelle &
de Nimegue. *T. de Ryf. Fr. Esp. art.*
10. Il eft inutile de rapporter ici les
noms de tous les lieux cédés & refti-

tués ; le nombre en eft infini. En cas de befoin le Lecteur peut confulter le Traité de Lille , conclu le 3 Decembre 1699. entre la France & l'Efpagne , en éxecution de celui de Ryfwick , pour le réglement des limites. On pourroit auffi recourir à un Ecrit intitulé : *Lifte & déclaration des réunions & occupations faites par Sa Majefté Très-Chrétienne dans les Provinces de Sa Majefté Catholique aux Pays-Bas , depuis le Traité de Nimegue.* Voyez le Corps Diplomatique de Dumont , ou le Recueil d'Actes & Memoires concernant la Paix de Ryfwick.

A l'égard des rentes affectées fur la Généralité de quelques Provinces des Pays-Bas , dont une partie eft poffédée par S. M. T. C. & l'autre par le Roi Catholique , il eft convenu que chacun payera fa cotte-part , & qu'on nommera des Commiffaires pour regler la portion que chacun de ces deux Princes en devra payer. Pour ce qui regarde les rentes affectées fur tel ou tel lieu en particulier, le poffeffeur en reftera chargé, & en payera les arrerages aux Créanciers de quelque Nation qu'ils foient. *T. de Ryf. Fr. Efp. art.* 23. & 24. Voyez le Traité de Lille du 3 Decembre 1699.

ANGLETERRE.

La France reconnoît le Roi Guillaume pour légitime Souverain d'Angleterre ; elle promet de ne le troubler directement ni indirectement dans la joüiffance de fes trois Royaumes, & de ne favorifer en aucune maniere les perfonnes qui pourroient y prétendre quelque droit. *T. de Ryf. F. Ang. art.* 4. Jacques II. avoit prévu qu'on facrifieroit fes intérêts au bien de la Paix, auffi protefta-t-il quatorze jours avant la fignature du Traité, contre tout ce qui y feroit ftipulé à fon préjudice. On verra dans la fuite combien la nation Angloife a pris de précautions pour fermer le chemin du Trône à la Maifon de Stuard.

Le Roi d'Angleterre promet de faire payer éxactement à la Reine Marie d'Efte, femme de Jacques II. une penfion annuelle d'environ 50 mille livres fterling, ou de telle autre fomme qui fera établie par Acte du Parlement, fcellé du grand fceau d'Angleterre. *Déclaration des Ambaſſadeurs d'Angleterre faite à ceux de France, & inférée dans le Protocole du Miniſtre Médiateur.* Je remarquerai ici en paſſant que ces fortes d'Actes qui roulent fur des points qu'on ne veut fouvent pas inférer dans un Traité, ont cependant la même force. Les Héritiers de la Reine Marie font en droit de demander les arrérages de la penfion qui a été promife à cette Princeffe, & dont elle n'a jamais été payée; mais quel objet pour des Princes, qui ont une Couronne à revendiquer !

PROVINCES-UNIES.

La France & la Republique des Provinces-Unies renoncent à toute prétention de quelque nature qu'elle foit, qu'elles pourroient former l'une fur l'autre. *T. de Ryſ. Fr. P-U. art. 11.*

MAISON DE SAVOYE.

Les articles des Traités de Querafque, de Munfter, des Pyrénées & de Nimegue, qui concernent la Maifon de Savoye, font rappellés & maintenus dans toute leur force. *T. de Turin, art.* 2.

Le Roi de France céde au Duc de Savoye, pour en joüir en toute fouveraineté, les Terres & Domaines compris fous le nom de Gouvernement de Pignerol. Toutes les fortifications en feront généralement démolies, le Duc de Savoye s'engage à ne jamais les rétablir, & promet de n'en point élever de nouvelles dans l'étendue du pays qui lui eft cédé. La Ville de Pignerol ne pourra être fermée que par une fimple muraille non terraffée. *T. de Tur. art.* I.

La France reftera toujours chargée de payer au Duc de Mantoüe, pour le compte de la Maifon de Savoye, la fomme de 494 mille écus d'or, conformément au Traité de Saint Germain en Laye de 1632. *T. de Ryf. Fr. Emp. art.* 48. Voyez le Chapitre de la Pacification de Weftphalie, à l'article de la Maifon de Savoye.

Les Ambaffadeurs de Savoye feront traités à la Cour de France, comme ceux des Têtes couronnées, & dans les Cours étrangeres, fans en excepter ni Rome, ni Vienne, ils recevront le même traitement de la part des Miniftres de France. *T. de Tur. art. 5.*

Le Duc de Savoye s'engage à ne point fouffrir que les Sujets du Roi de France, fous quelque prétexte que ce foit, s'établiffent dans les Vallées de Lucerne ou des Vaudois. Il promet encore de ne pas permettre l'exercice de la Religion prétendue Réformée dans le Gouvernement de Pignerol. *T. de Turin, art.* 7.

Marie-Adelaïde de Savoye renonce en faveur des Princes de fa Maifon, foit en ligne directe foit en ligne collatérale, à tous les droits que lui donne fa naiffance. Le Roi de France, le Dauphin & le Duc de

Bourgogne approuvent & confirment cette renonciation. *Contrat de mariage de Marie-Adelaïde de Savoye avec Louis Duc de Bourgogne, art. 6. Traité de Tur. art. 3.*

MAISON FARNEZE.

Le Roi d'Espagne remettra au pouvoir du Duc de Parme l'Isle de Ponza située dans la Méditerranée. *Traité de Ryf. Fr. Efp. art. 32.*

PROTESTATIONS.

Par un acte passé à Ryswick le 7. Octobre 1697. la Maison d'Egmont proteste contre tout ce qui a pu être arrêté dans le Congrès de Ryswick au préjudice de ses droits, sur le Duché de Gueldre, les Comtés d'Egmont, de Zutphen, de Meurs, de Hornes, &c. & la Seigneurie de Malines, possédés par le Roi d'Espagne, les Etats Généraux des Provinces-Unies, ou l'Evêque de Liége. Les Etats de Gueldre & de Zutphen répondirent

pondirent à cet acte par une contre-
protestation du 30. Janvier 1648,
datée à la Haye.

La Ville d'Embden fut comprise,
de la part des Etats Généraux, dans le
Traité qu'ils conclurent à Ryswick
avec la France. Le Prince d'Oost-Frise
protesta à la Haye le 4 Novembre 1697
contre cette inclusion, prétendant avec
raison que cet honneur ne peut appartenir qu'à une Puissance souveraine.
Cette Ville soutenue de la protection
des Provinces-Unies, a toujours af-
fecté une entiere indépendance. Ses
démêlés avec le Prince d'Oost-Frise
ont fait trop de bruit pour que j'en
parle ici. Les Etats Généraux ont
consenti à retirer la Garnison qu'ils y
tenoient, dès que le Roi de Prusse
s'est emparé de la Principauté d'Oost-
Frise à la mort de son dernier Souverain, dont il étoit héritier par droit
d'expectative.

A la Haye, 8 Novembre 1697,
Protestation de Marie d'Orleans,
Duchesse de Nemours, pour la con-
servation de ses droits sur la Princi-

Tom. I.   Z

pauté & le Marquifat de Rothelin.

Ryfwick, 28. Septembre 1697, proteftation de la Maifon de la Tremoille au fujet de fes droits fur le Royaume de Naples.

Ryfwick, 7. Octobre 1697, proteftation de la Maifon de Montmorency-Luxembourg, pour la confervation de fes droits fur le Duché de ce nom.

Le 4. Novembre 1697. le Duc de Mantouë fit fignifier aux Miniftres affemblés à Rifwick un acte, par lequel il proteftoit contre tout ce qui peut avoir été arrêté dans les Traités de paix contre fes intérêts & fes droits.

Le même jour la Maifon de Brunfwich-Wolfenbutel protefta à la Haye pour la confervation de fes droits fur deux Prébendes de l'Eglife Cathedrale de Strafbourg. Elles lui avoient été données par le Traité d'Ofnabruch, & elles lui furent enlevées par un Arrêt de la Chambre Royale de Brifac, & par le quatriéme article du Traité de paix conclu à Ryfwick entre la France, l'Empereur & l'Empire.

J'ai parlé plus haut de l'acte par lequel Jacques II. Roi d'Angleterre, protesta dès le 6. Septembre 1697. contre tout ce qui seroit stipulé à son désavantage dans la pacification de Ryswick.

Le 13. Decembre 1697. les Ministres Plénipotentiaires de France au Congrès de Ryswick, firent une protestation générale contre toutes celles qui avoient été présentées au Congrès.

CHAPITRE VI.

Traités des Puissances Chrétiennes avec la Porte.

LA Puissance Ottomane fondée sur les ruines de l'Empire des Grecs, a pendant long-temps inspiré de vives allarmes à la Chrétienté. L'Europe affoiblie par ses divisions, n'auroit opposé qu'une digue impuisfante à ce torrent débordé , fi les Succeffeurs de Mahomet II. n'avoient été obligés de partager leurs forces , & de porter la guerre tantôt en Afie tantôt en Afrique , pour y éteindre des révoltes ou châtier des voifins inquiets , dans le temps qu'ils avoient commencé une expédition contre la Pologne ou contre la Hongrie. Il fe forma bientôt dans leur voifinage une puiffance capable de fufpendre le cours de leurs profpérités ; je veux parler de l'avénement de Ferdinand I. au Trône de Hongrie. Ce Prince poffédoit le Royaume de Boheme & les Provinces qui en dépendent , telles que font la Silefie , la Moravie , la Luface ; fon frere Charles-Quint lui avoit cédé tous les anciens patrimoines de fa Maifon ; & comme Empereur , il eut l'art , de même que fes Succeffeurs , de perfuader à l'Allemagne que la Hongrie étoit une barriere qui la couvroit , & que l'Empire par conféquent devoit s'intéreffer à fon falut. D'un autre côté les conquêtes des Turcs affoi-

blissoient leur Empire, parce qu'ils
ne sçavoient pas les mettre à profit
par de sages réglemens ; détruisant
pour conserver, ils n'acqueroient rien.
Leur Religion ennemie des arts, du
commerce & de toute cette industrie
qui fait fleurir un Etat, laissa regner
les vainqueurs dans des Provinces dé-
vastées, & sur les débris des Puissances qu'ils avoient ruinées. Le despo-
tisme le plus intolérable produisit enfin dans la Monarchie Ottomane tous
les maux dont il est le germe.

On a remarqué que tout gouvernement despotique devient militaire,
dans ce sens que les soldats s'emparent de toute l'autorité. Le Prince
qui veut user d'un pouvoir arbitraire
en gouvernant des hommes, ne peut
avoir que de vils esclaves pour sujets ;
& comme il n'y a aucune loi qui re-
tienne sa puissance dans de certaines
bornes, il n'y en a aussi aucune qui
le protege, & qui soit le fondement
de sa grandeur. Se servant nécessaire-
ment de la milice pour tout opprimer,
il est nécessaire que cette milice con-

noiſſe enfin ce qu'elle peut, & l'op-
prime à ſon tour ; parce que ſes forces
ne peuvent être contrebalancées par
des Citoyens qui ne prennent aucun
intérêt à la police de l'Etat, & qui
cependant, dans le cas de la révolte
des gens de guerre, font la ſeule reſ-
fource du Prince.

Soliman I. connoiſſant tous les
dangers auſquels ſes Succeſſeurs ſeroient expoſés, fit une loi pour défendre que les Princes de ſa Maiſon
paruſſent à la tête des armées, & euſſent des Gouvernemens de Provinces. Il crut affermir les Sultans ſur le
Trône, en enſeveliſſant dans l'obſcu-
rité tout ce qui pouvoit leur faire
quelque outrage. Par cette politique
il crut ôter aux Janiſſaires le prétexte
de leurs ſéditions, mais il ne fit qu'a-
vilir ſes Succeſſeurs. Corrompus par
l'éducation du Serrail, ils porterent
en imbécilles l'épée des Héros qui
avoient fondé & étendu l'Empire. Les
révolutions devinrent encore plus fré-
quentes ; les Sultans incapables de
regner, furent le joüet de l'indocilité

& de l'avarice des Janiſſaires ; ceux, auſquels la nature donna quelque talent, furent dépoſés par les intrigues de leurs propres Miniſtres, qui ne, vouloient point d'un Maître qui bornât leur pouvoir.

Malgré les vaſtes Etats que poſſede le Grand-Seigneur, il n'entre preſque pour rien dans le ſyſtême général de l'Europe. Les Turcs ſont pour ainſi dire inconnus dans la Chrétienté, ou bien l'on ne les y connoît que par une tradition ancienne & fauſſe qui ne leur eſt pas avantageuſe. Si la Porte entretenoit des Ambaſſadeurs ordinaires dans toutes les Cours ; que ſe mêlant des affaires elle offrit ſa médiation, & la fit reſpecter ; que ſes ſujets voyageaſſent chez les Etrangers, & qu'ils y entretinſſent un commerce réglé ; il eſt certain qu'elle forceroit peu à peu les Princes Chrétiens à s'accoutumer à ſon alliance. Les Catholiques traitent aujourd'hui avec les Hérétiques, contre leſquels ils ont fait des croiſades ; la haine qui nous ſépare des Infidelles, s'amortiroit en les fré-

Z 4

quentant ; & bientôt l'on ne trouve-
roit plus extraordinaire qu'un Prince
Chrétien trouvât à Conſtantinople
des ſecours qu'il n'oſe pas y demander
aujourd'hui ſans cauſer une ſorte de
ſcandale.

Il n'eſt pas vraiſemblable que la
Porte change de politique. Ce n'eſt
point, comme on le croit ordinairement, qu'elle ſoit attachée à ſes principes par orgueil, ou par mépris pour
les Chrétiens ; mais elle penſe avec
raiſon, que ſon gouvernement doit
avoir pour baſe l'ignorance & la miſére
des ſujets ; & ce que je propoſe, en
éclairant les Turcs, & en les enrichiſ-
ſant, produiroit ſans doute dans leur
Empire des révolutions funeſtes à ceux
qui en tiennent entre les mains toute
l'autorité.

Quelques Puiſſances de l'Europe
n'ont de relation avec la Porte que
par leur commerce ; telles ſont entre
autres l'Angleterre & la République
des Provinces-Unies, qui dans les
Traités de défenſe qu'elles ont contractés avec la Maiſon d'Autriche,

ne lui garantiſſent point ſes poſſeſſions contre les invaſions des Turcs. Quand l'Eſpagne obéiſſoit à un Prince Autrichien, elle étoit attentive à tous les mouvemens qu'ils faiſoient en Hongrie, ou ſur les Côtes de la mer Adriatique ; Philippe V. n'y prend aujourd'hui aucun intérêt. L'Eſpagne a oublié que le fameux Barberouſſe avoit ravagé ſes Côtes ; & en effet les Turcs ſont à préſent trop foibles ſur mer pour lui faire craindre de pareils dangers. Le Royaume des deux Siciles, dont les intérêts doivent être chers à la Cour de Madrid, eſt en ſûreté contre les entrepriſes de la Porte. Ces deux Puiſſances ſont liées par des Traités, & d'ailleurs il n'eſt pas naturel que les Turcs veüillent tenter à grands frais de faire en Italie des conquêtes qu'ils ne pourroient conſerver, & qui ſouleveroient contr'eux toutes les forces de la Chrétienté, tandis que la Hongrie leur promet des ſuccès plus faciles & plus avantageux.

Il n'y a que la France & la Suede, de toutes les nations qui ne ſont pas

voiſines de la Porte, qui puiſſent former avec elle une liaiſon ſolide. Par
leur poſition même, la Monarchie
Françoiſe & l'Empire Ottoman ne
peuvent ſe porter aucun préjudice,
& ſont en état cependant de ſe procurer les avantages les plus conſidérables, parceque leur plus grand ennemi eſt leur ennemi commun ; on ſent
que je veux parler de la Maiſon d'Autriche, qui partage le Royaume de
Hongrie avec les Turcs, & dont les
Terres du côté de l'Occident confi-
nent à celles de France.

Les François ſont les plus anciens
Alliés des Turcs ; pendant un temps
leurs Ambaſſeurs étoient appellés au
Conſeil ſecret du Grand Seigneur,
& admis dans le Serrail ; mais les Succeſſeurs de François I. ne ſçurent pas
cultiver l'amitié que ce Prince leur
avoit ménagée ; par je ne ſçais quelle
politique mal entendue, ils ont ſouvent deſſervi la Porte. Il eſt arrivé
de-là que la France a perdu beaucoup
de ſon crédit à Conſtantinople, & que
peu à peu les Priviléges dont les Fran-

çois y joüiſſoient ſeuls par rapport au commerce , ont été accordés aux autres Nations.

On peut appliquer à la Suede ce que j'ai dit de la France. Les Suedois occupés pendant long temps à faire la guerre à la Pologne & à la Ruſſie , ont ſenti l'importance d'entretenir à Conſtantinople des relations qui donnaſſent de la jalouſie à leurs ennemis , & leur fiſſent toujours craindre quelque diverſion.

La Reine de Hongrie , la Pologne , la Ruſſie & la République de Veniſe forment une barriere que les Turcs ne peuvent forcer. On ne ſçauroit même douter que ces quatre Puiſſances ne fuſſent en état de repouſſer le Grand Seigneur en Aſie , s'il étoit de l'intérêt des autres Princes Chrétiens de leur laiſſer éxecuter une pareille entrepriſe , ou ſi elles pouvoient elles-mêmes réunir leurs forces pour un ſemblable deſſein. La Porte conſervera l'empire qu'elle a acquis en Europe , parce que ſa ruine agrandiroit trop quelques Puiſſances , & qu'il importe d'ailleurs à tous les Peuples qui font le commerce du Levant, que la Grece & les autres Provinces de la domination Ottomane, foient entre les mains d'une nation oifive, pareffeufe, & qui ignore l'art de tirer parti des avantages que lui préfente fa fituation.

Dans la Guerre célebre qui fut terminée par la Paix de Carlowitz, la Pologne & Venife fe feroient hâtées de faire leur accommodement avec le Grand Seigneur, elles auroient même dû lui fournir en fecret des fecours, fi les fuccès de l'Empereur Léopold l'euffent mis en état de marcher à Conftantinople. Ces deux Républiques n'ignorent pas qu'une certaine rivalité entre la Cour de Vienne & la Porte, leur donne de la confidération, & fait leur fûreté. Si le Turc accabloit la Maifon d'Autriche, les Domaines que les Venitiens poffédent en Dalmatie, leur feroient bientôt enlevés, & les Polonnois auroient de vives allarmes pour la Podolie & les Provinces voifines. D'un autre côté la Cour de Vienne ne fçauroit triompher de l'Empire Ottoman, & conferver en même temps affez de modération pour ne pas vouloir dominer fur le Golphe Adriatique, & pour ne point traiter les Polonois avec autant de hauteur qu'elle a aujourd'hui de ménagemens pour eux.

Dans la fituation préfente des chofes, les Venitiens & les Polonois ne doivent fonger qu'à vivre en bonne intelligence avec la Porte. Elle ne peut leur donner aucun ombrage depuis l'agrandiffement de la Ruffie, & par conféquent les motifs qui les portérent à fe liguer avec l'Empereur Léopold, pour faire la guerre à Mahomet IV. ne fubfiftent plus aujourd'hui. D'ailleurs foit foibleffe de leur part, foit molleffe dans les refforts de leur politique, leur gouvernement ne leur permet pas d'efperer de grands fuccès à la Guerre, & ils ne pourroient l'entreprendre qu'avec le fecours de quelques Alliés, qui étant plus puiffans qu'eux, en retireront toujours le principal avantage.

Dans le temps même que la Ruſſie ne joüiſſoit preſque d'aucune conſidération auprès des Princes Chrétiens, elle étoit cependant reſpectée des Turcs. Que doit-ce donc être aujourd'hui que cette Puiſſance formée par Pierre le Grand, a appris à connoître ſes forces, domine ſur le Nord, & influe dans toutes les affaires de l'Europe ? De quelque ſupériorité que la Cour de Peterſbourg puiſſe ſe flatter, il eſt de ſon intérêt d'entretenir la Paix avec la Porte. Les Polonois lui refuſant la liberté de paſſer ſur leurs Terres pour porter l'effort de ſes armes en Moldavie, elle eſt obligée de ſe tourner du côté des Palus-Méotides & du pays des Tartares. La Guerre ne ſe peut faire dans ces Provinces qu'avec des frais immenſes. Les Ruſſes s'y conſumeroient à faire des conquêtes pénibles & inutiles, tandis qu'il leur importe ſi fort de conſerver leurs forces, & de les tourner du côté de l'Europe, pour cimenter l'empire qu'ils ont acquis dans le Nord.

Aucun des motifs dont je viens de parler, ne peut engager la Cour de Vienne à rechercher l'amitié des Turcs ; elle eſt aſſez puiſſante pour leur réſiſter, & même pour devoir eſperer des ſuccès en les attaquant. La Hongrie où elle fait la Guerre commodément, n'eſt point un pays où elle ne puiſſe remporter que des avantages infructueux : bien loin de-là les conquêtes qu'elle y feroit, augmenteroient la conſidération dont elle joüit dans l'Empire, & dans le reſte de l'Europe.

Ce que je viens de dire ſuffit, ſi je ne me trompe, pour juger des princi-pes ſur leſquels le Divan devroit établir ſa politique. Puiſque la Cour de Vienne eſt la ſeule Puiſſance qui puiſſe faire la Guerre avec avantage aux Turcs, ils doivent donc la regarder comme leur principale ennemie. L'Empire Ottoman doit donc mettre à profit les diſpoſitions favorables dans leſquelles la Ruſſie, les Polonois & la République de Veniſe ſont à ſon égard ; il doit donc par une conduite prudente empêcher que la Maison d'Autriche n'en tire des secours contre lui.

Les Polonois & les Venitiens ne rompront jamais avec la Porte, tant qu'elle ne portera la Guerre que sur le Danube. La Ruffie même verroit sans inquiétude les progrès des Turcs de ce côté-là, si elle étoit sûre qu'ils n'abusaffent point de ces avantages pour se porter dans les Provinces Méridionales de sa domination. Mais j'ajoûte qu'il est aifé au Grand Seigneur d'infpirer cette fécurité à la Cour de Peterfbourg. Ce que la Porte peut conquérir fur les Ruffes, aujourd'hui qu'Afoff est démoli, ne la dédomageroit pas des frais immenfes que lui coûteroit cette Guerre. Ses frontieres ne feroient pas plus en fûreté qu'elles le font actuellement, & d'ailleurs elle n'ajoûteroit rien à la confidération qu'elle recherche. Dès que le Divan paroîtra bien perfuadé de cette vérité, les Ruffes fe déferont d'autant plus aifement des foupçons, & de la défiance que leur donne le voifinage des Turcs,

Turcs, qu'ils gagneroient beaucoup, comme je l'ai fait voir, à entretenir une Paix durable avec la Porte; & qu'en privant leurs autres voisins de l'esperance de trouver des diversions & des secours toujours prêts à Constantinople, ils affermiroient l'espece d'empire qu'ils ont acquis sur eux.

La Porte peut jetter avec succès les fondemens de l'alliance dont je parle; il ne s'agit que de favoriser le commerce des Russes en augmentant les privileges dont ils jouissent dans l'Empire Ottoman; de retenir les Tartares dans leur devoir, & de les châtier avec rigueur dès qu'ils auront exercé leur brigandage, ou fait quelque course sur les terres de Russie. On m'objectera sans doute que l'étroite alliance qui regne entre la Cour de Vienne & celle de Petersbourg, est un obstacle insurmontable à ce que je propose. Mais qu'on y fasse réflexion, ces deux Puissances ne font étroitement unies que par la mauvaise politique de la Porte, qui jusqu'à présent les ayant également menacées, ne leur a donné qu'un même intérêt. Tant que cette alliance sera également utile aux deux Parties qui l'ont contractée, il ne faut pas douter qu'elle ne soit inviolable ; mais si les Russes sentent que les Turcs ne veulent pas s'agrandir à leurs dépens, dès-lors ils sentiront moins la nécessité de se ménager une diverfion du côté de la Hongrie, & par conféquent ils n'auront plus pour la Cour de Vienne les égards qu'ils lui ont témoignés dans toutes les occasions.

Ce seroit me jetter dans une digreffion peut-être trop étrangere à mon sujet, que d'examiner en détail tous les principes sur lesquels eft fondée l'alliance de Vienne & de Peterfbourg. Je me borne à remarquer qu'indépendamment de la conduite que peut tenir le Grand Seigneur, les liens en feroient bientôt rompus, si la nouvelle Maifon d'Autriche confervoit dans l'Empire tout le crédit qu'y ont eu les Peres de la Reine de Hongrie, en même temps que la Maifon de Holftein, qui a des poffeffions &

des prétentions en Allemagne, occupera le Trône de Ruffie ; mais j'aban-
donne cette matiere aux réflexions de
mon Lecteur.

Il eft vraifemblable que la Porte
continuera long-temps à fe conduire
par fes anciennes maximes ; c'eft-à-
dire, à ne confulter que fes caprices,
& à n'avoir qu'un but vague d'agrandiffement. Embraffant trop d'objets à
la fois, fon ambition tiendra tous fes
voifins réunis contr'elle. La Porte
ignore ce qui fe paffe en Europe, ou
elle n'en·eft inftruite que par le rapport infidelle des Ambaffadeurs qui y
refident, & de quelques Commerçans. Son Gouvernement eft fujet à
trop de révolutions pour pouvoir agir
long-temps par les mêmes principes.
La chute d'un Sultan ou d'un Vifir
change la politique toujours fubor-
donnée à l'infolence des Janiffaires &
aux intrigues du Serrail. Il faut ménager une milice incapable de raifonner,
qui fait les forces de l'Empire, que
fes fuccès ont enhardie, & qui n'obéit
à fes Chefs, qu'en fçachant qu'elle eft

la maîtrelle de la tête du Sultan. A l'égard des cabales du Serrail, on ne s'en feroit qu'une image imparfaite en les comparant à celles qui regnent dans les Cours des Princes Chrétiens. Dans le Palais du Grand Seigneur tout eſt myſtere. Des femmes, des eſclaves inviſibles, voilà les reſſorts qui font tout mouvoir, & que ſouvent un Grand Viſir lui-même ne connoît point.

Malgré les vices de ſon Gouvernement, la Porte feroit redoutable aux Chrétiens, ſi les Mahometans pouvoient ſe réunir contr'eux ; mais heureuſement le ſchiſme qui diviſe les Turcs & les Perſans, leur interdit toute alliance. Il en réſulte que l'Empire Ottoman entouré d'ennemis, doit ſe ſuffire à lui-même. Cette ſituation eſt fâcheuſe, mais il peut y remédier en profitant des diviſions de la Chrétienté. Si la Porte ſçavoit ſaiſir le moment favorable, les guerres que ſe font certaines Puiſſances, ſeroient autant de diverſions en ſa faveur.

Avant que de rendre compte des

Traités que la Porte a passés avec les Princes Chrétiens, je dois dire un mot sur la maniere dont elle envisage ces sortes d'engagemens, & je ne puis mieux traiter cet article qu'en rapportant ce que dit un Ecrivain aussi instruit de la politique que de la religion des Turcs. *Ils tiennent*, dit-il, *pour maxime qu'il ne sont pas obligés d'avoir égard aux Traités qu'ils font avec les Chrétiens, ni à la justice, ni à l'injustice de la rupture, quand elle a pour but l'agrandissement de l'Empire, & par conséquent l'accroissement de leur Religion. Quand Mahomet, ajoute-t-il, fut obligé de lever le Siége de la Meque, après avoir été battu, il fit la Paix avec les Habitans, & leur promit de l'observer de bonne-foi ; mais après avoir ramassé ses forces, il se rendit le maître de cette Ville l'été suivant, pendant que ses Citoyens dormoient en repos, & ne se defioient de rien moins que de la trahison du Prophéte. Mais afin que cette perfidie ne deshonorât pas sa prétendue sainteté, si la connoissance en passoit à la postérité, il donna per-*

miſſion à tous ceux qui croyent en lui ;
de n'avoir jamais égard dans des ren-
contres de pareille nature, où ils au-
roïent affaire avec des gens d'autre
religion que la ſienne, ni à la foi donnée, ni aux promeſſes, ni aux Traités.
Cette Loi ſe trouve dans le Livre, que
l'on appelle Kilab Hadaia. C'eſt une
coutume ordinaire parmi les Turcs de
conſulter le Moufti, quand il ſe préſente
quelque occaſion ſecourable de s'emparer d'un pays, & qu'ils n'en ont point
de prétexte ; & lui ſans examiner ſi la
Guerre eſt juſte, ou ſi elle ne l'eſt pas,
donne ſon Fetfa ou ſa Sentence, conformément au précepte de Mahomet,
& la déclare légitime.

L'Auteur que je cite, a raiſon de
dire après cela qu'il ne s'étoit jamais
vu que l'infidélité & la trahiſon fuſſent
autoriſées par un Acte public & authentique, & que le parjure fût un acte
de Religion, juſqu'à ce que les Docteurs
de la Loi de Mahomet, à l'imitation de
leur Prophéte, euſſent enſeigné cette
Doctrine à leurs diſciples, & la leur
euſſent recommandée. Je ſçais que par-

mĩ les *Princes Chrétiens*, & *les Peuples les plus civilifés du monde*, on a
*fouvent pris fes avantages au préjudice
des Traités folemnellement jurés ; je
fçais auffi que l'on a mis en queftion
dans les Ecoles, fi on devoit garder la
Foi aux infidéles*, *aux hérétiques &
aux méchans ; mais auffi fuis-je perfuadé qu'il auroit été plus glorieux &
plus avantageux pour les Chrétiens,
de n'avoir jamais pratiqué le premier,
ni douté du fecond.*

FRANCE.

Les François, comme les plus anciens Alliés de la Porte, ont joüi pendant longtemps des plus grands Priviléges dans fes Ports. On voit par la
Capitulation que Henry IV. obtint
d'Amurat III. le 20. May 1604,
que les Efpagnols, les Portugais, les
Catalans, les Ragufois, les Genois,
les Anconitains, les Florentins, &
généralement tous les autres Peuples
qui n'avoient point d'Ambaffadeur à
la Porte, ne pouvoient trafiquer dans

les Domaines du Grand Seigneur, que fous la Banniere de France; qu'ils étoient obligés d'être fous la protection des Confuls François, qui réfident dans les Havres & Echelles du Levant, & de leur payer de certains droits; mais qu'ils pouvoient, comme les Commerçans mêmes de France, acheter & tranfporter toutes les marchandifes prohibées, les Cuirs, Cire, Cottons, &c. à la réferve de la Poudre à canon, & des Armes nécefaires à la Guerre. *Capitulation du* 20. *May* 1604, *art.* 4. 7. *&* 17.

Sous le régne d'Elifabeth, les Anglois traiterent avec la Porte, & obtinrent le privilége de commercer fous leur Pavillon. Cette premiere faveur les enhardit, & ils prétendirent bientôt que les Hollandois devoient ne reconnoître dans toute l'étendue de l'Empire Ottoman, d'autre protection que la leur. La Porte fut favorable à cette prétention, ne regardant point les Provinces-Unies, comme une nation particuliére, mais comme une dépendance ou une annexe

annexe du Royaume d'Angleterre.
L'Ambaſſadeur de France ſe plaignit,
& reprenſenta inutilement au Divan,
qu'il s'étoit lié les mains, par la clauſe
où il eſt dit, que le Miniſtre d'Angleterre & le Baile de la République de Veniſe ne pourroient point
s'oppoſer aux Priviléges accordés à
la nation Françoiſe, & qui déclaroit
nul d'avance tout Acte qui y appor-
teroit quelque changement. *Capitulation du* 20. *May* 1604, *article* 5.
& 6.

Il en faut convenir, la faveur que
la Porte accordoit au commerce des
François, ne pouvoit être que l'ouvrage d'une ignorance monſtreuſe
dans cette matiere. En gênant les autres Nations, le Grand Seigneur di-
minuoit le produit de ſes Doüanes, &
ſes Sujets n'étoient maîtres du prix ni
des marchandiſes qu'ils recevoient, ni
des denrées qu'ils vouloient vendre.
On a compris cette vérité à Conſtantinople, & tous les Peuples qui ont
pu établir avec quelque avantage un
commerce réglé dans le Levant, ont

Tom. I.   B b

obtenu les Priviléges qui pouvoient le favoriser.

Les Ambaffadeurs de l'Empereur de France auront la préféance fur tous les autres Ambaffadeurs qui réfident à la Porte. Ces Confuls François établis dans les Echelles du Levant, joüiront auffi de la même prérogative à l'égard des Confuls des autres nations. *Capitulations du 20. May 1604. art. 20. & 22. du 5. Juin 1673. art. 10. du 28. May 1740. art. 1.* Les deux premieres capitulations font rappellées & confirmées par la derniere.

Les fujets de l'Empereur de France & des Princes fes Alliés, pourront aller librement en pélerinage dans les faints lieux. Ils feront protégés de même que les Religieux qui deffervent l'Eglife du Saint Sépulchre de Jerufalem. On permettra à ces derniers, fous la requifition de l'Ambaffadeur de France à la Porte, de faire à leurs bâtimens les réparations néceffaires. On n'exigera des François aucun droit pour les Eglifes qu'ils ont fur les Terres du Grand Seigneur ; &

les Religieux de même que les Evêques de cette nation ne seront point
troublés dans leurs fonctions. *Cap.
de 1604. art. 4. Cap. de 1673. art.
1. 2. & 3. de 1740. art. 39.*

Les sujets de la Porte qui trafiquent
dans le Pays Etranger sur leurs vaisseaux ou autrement, se mettront sous
la protection du Consul de France,
& ils lui payeront les mêmes droits
qu'il perçoit des Commerçans de sa
nation. *Cap. de 1673. art. 15.*

L'Ambassadeur & les Consuls de
France joüiront de tous les privileges
du droit des gens. Les personnes qui
auront à se plaindre d'eux, ou à leur
faire quelque demande en Justice, s'a-
dresseront directement à la Porte. *Cap.
de 1604. art. 19. Cap de 1673. art.*
17. Ils ne payeront aucun droit pour
l'entrée des vivres, étoffes, &c. nécessaires à l'entretien de leur maison.
*Cap. de 1604. art. 22. Cap. de 1673.
art. 21.* Les Interprêtes & Truche-
mans qui seront à leur service, de
même que quinze de leurs Valets
Rayas, ne payeront aucun subside.

Cap. de 1604. *art.* 16. *Cap. de* 1673.
art. 14. *Cap. de* 1740. *art.* 4.

Les François établis dans l'Empire
Ottoman, feront exempts de payer le
Karatche, ç'eft-à-dire la Capitation.
Cap. de 1673. *art.* 34. *Cap. de* 1740.
art, 24. S'il furvient quelque différend entre des Marchands de cette Nation, le jugement en appartiendra au
feul Ambaffadeur & aux feuls Confuls
François. *Cap. de* 1604, *art.* 18. &
35. *Cap. de* 1673, *art.* 16. & 37. Si
un François a un démêlé avec quelque fujet du Grand Seigneur, le Juge,
à qui en appartient la connoiffance,
ne pourra informer ni porter un Jugement, fans la participation de l'Ambaffadeur, ou du Conful de France, &
fans qu'un Interprête de la Nation ne
foit préfent à la Procédure, pour défendre les intérêts du François. Celui-ci fe hâtera cependant de produire
un Interprête, pour ne pas arrêter le
cours de la Juftice. *Cap. de* 1673,
art. 36. Il eft ajoûté que fi la fomme
dont il peut être queftion entre un
François & un Sujet du Grand Sei-

gneur, passe 4000. aspres, le Procès
ne sera jugé qu'à la Porte même. *Art.*
12. *Cap. de* 1741, *art.* 26.

Les contestations qui naissent entre
les Négocians François & autres personnes, étant une fois jugées & terminées juridiquement, il ne sera plus
permis d'y revenir par de nouvelles
procédures. S'il étoit jugé à propos
de revoir ces procès, ils ne seront
décidés qu'à la Porte. *Cap. de* 1740,
art. 28. S'il arrive que les Consuls
& les Négocians François ayent quelque contestation avec les Consuls &
les Négocians d'une autre nation
Chrétienne, il leur sera permis, du
consentement des deux Parties, de
renvoyer leur procès aux Ambassadeurs qui résident à la Porte. Tant
que le Demandeur & le Défendeur
ne consentiront pas à porter ces sortes
de procès qui surviendront entr'eux,
pardevant les Pachas, Cadis, &c.
Ceux-ci ne pourront pas les y forcer.
Cap. de 1740, *art.* 9.

S'il arrive qu'on tue quelqu'un dans
les quartiers où les François résident,

il est défendu de les molester en leur demandant le prix du sang ; à moins qu'on ne prouve en Justice qu'ils sont les auteurs du meurtre. *Cap. de* 1673, *art.* 13. Si quelque Turc refuse à l'Ambassadeur ou aux Consuls de France de rendre les esclaves de leur nation qu'il possede, il sera obligé de les envoyer à la Porte afin qu'il soit décidé de leur sort. *Cap. de* 1673, *art.* 33. Le Grand Seigneur ni ses Officiers ne pourront s'emparer des effets d'un François qui mourra sur ses Terres. Ils seront mis sous la garde de l'Ambassadeur ou des Consuls de France, & délivrés au légitime héritier du deffunt. *Cap. de* 1604, *art.* 28. *Cap. de* 1673, *art.* 28.

Un François, quel qu'il puisse être, qui aura embrassé la Religion Mahométane, sera obligé de remettre à l'Ambassadeur de France, aux Consuls de cette nation ou à leur Délégué, les effets de quelqu'autre François dont il se trouvera saisi. *Cap. de* 1740, *art.* 25.

Les Officiers du Grand Seigneur

n'empêcheront point les Marchands
François de tranſporter en temps de
paix, par terre, par mer ou par les
rivieres du Danube ou du Tanaïs,
des marchandiſes non prohibées, ſoit
qu'ils veüillent les faire ſortir des
Etats de l'Empire Ottoman, ſoit qu'ils
veüillent les y faire entrer. Bien en-
tendu cependant que les Commerçans François payeront dans ces oc-
caſions tous les droits auſquels les
autres nations Franques ſont ſoumi-
ſes. *Cap. de* 1740, *art.* 16.

En conſidération de l'étroite &
ancienne amitié qui regne entre l'Empereur de France & la Porte, les
marchandiſes chargées dans les Ports
de France, ſur des Bâtimens François, pour les Ports du Grand Seigneur ; & celles qui feront chargées
dans ceux-ci ſur des Vaiſſeaux François, pour être tranſportées dans les
terres de la Domination Françoiſe,
feront exemptes du droit de Mezete-
rie. *Cap. de* 1740, *art.* 12. Cet article met les François en état d'étendre
beaucoup leur commerce ſur les ter-

res du Grand Seigneur. Les perfonnes qui fentiront tout l'avantage qu'on en peut tirer, jugeront aifément que feu M. de Villeneufve ne pouvoit rendre un fervice plus important à fa patrie.

Je ne parle point ici des différens droits d'entrée & de fortie que les François, de même que les autres nations Franques, payent aux Doüanes du Grand Seigneur. Ces détails ne font intéreffans que pour les particuliers qui négocient dans le Levant; & je ne pourrois rien leur apprendre de nouveau.

Les François pourront faire toute forte de pêches fur les côtes de Barbarie, & en particulier dans les mers qui dépendent des Royaumes de Tunis & d'Alger. *Cap. de* 1604, *art.* 15. Dans le treiziéme article de la Capitulation de 1673. il n'eft point parlé des mers d'Alger.

Les Corfaires de Barbarie ne pourront attaquer les Navires portant pavillon François. Ils relâcheront ceux qu'ils auront pris, de même que les prifonniers de cette nation aufquels ils reftitueront tous leurs effets. En cas de contravention, la Porte ajoutera foi aux plaintes de l'Empereur de France, & elle donnera fes ordres pour punir les délinquans. La France pourra châtier les Barbarefques en leur courant fus, fans que le Grand Seigneur en foit offenfé. *Cap. de* 1604, *art.* 14. Dans la Capitulation de 1673, article 12. il eft dit fimplement que la France les châtiera en les privant de fes ports. Si les Corfaires qui abordent dans les Echelles du Levant, font quelque injure ou quelque dommage aux François qui y commercent, ils feront féverement châtiés par les Officiers du Grand Seigneur. *Cap. de* 1740, *art.* 38.

Le commerce ne feroit point en fureté contre les Puiffances de la côte d'Afrique, fi l'on fe contentoit de prendre à ce fujet des engagemens avec la Porte. Ces Pirates connoiffent trop bien fa foibleffe fur mer, pour reconnoître fon prétendu Empire. Auffi la France, l'Angleterre, les

Provinces-Unies , &c. traitent-elles directement avec Tunis , Tripoli , Alger , &c. Cependant ces Barbaresques n'obfervant leurs Traités qu'autant qu'ils y font forcés , ils s'expofent à être châtiés avec rigueur ; & dans ces occafions il eft très-avantageux d'avoir contracté de telle façon avec le Grand Seigneur , qu'il ne puiffe prendre leur défenfe. Le Divan accorderoit d'autant plus volontiers fa protection aux Corfaires de Barbarie , qu'il croiroit étendre fon pouvoir , & qu'il ne demande pas mieux que de trouver des prétextes pour faire des avanies aux Commerçans Chrétiens , & en tirer quelques bourfes.

Le brigandage des Africains eft peut-être plus avantageux que nuifible aux grandes Puiffances, elles font rarement attaquées. Tout le dommage retombe fur le commerce des petits Etats qui font obligés de renoncer à leurs entreprifes , ou de donner une partie de leur gain aux nations dont ils frétent les vaiffeaux , & dont ils empruntent le pavillon.

Dans les Traités qu'un Prince Chrétien paſſe avec les Pirates d'Afrique , on convient toujours qu'on ne ſe fera de part & d'autre aucune injure ni aucun dommage ſur mer ; ſi les circonſtances le demandent , on ſe promet même un ſecours mutuel. Les Barbareſques conſentent à n'aborder un vaiſſeau de leur Allié qu'avec une chaloupe dans laquelle , outre les Rameurs , il ne pourra y avoir que deux hommes ; & ces deux hommes ſeuls peuvent entrer dans le navire pour le viſiter & vérifier ſes paſſeports. On renonce à la liberté d'arrêter un vaiſſeau de Tunis , d'Alger , de Salé , &c. muni d'un paſſeport de ſa Régence. Si on échoüe ſur les côtes de ces Royaumes l'équipage ne ſera point fait eſclave , & on lui reſtituera les effets qu'on aura ſauvés.

Il arrive quelquefois qu'un Algerien qui a fait des priſes ſur un allié , va les vendre à Tunis ou à Maroc , tandis que les Tuniciens & les Marocains tranſportent à leur tour les leurs à Alger ou à Tripoli. Pour arrêter

cette fraude, il eſt important d'exiger
du Gouvernement un article par lequel il la déſavoüe, & s'engage même
à donner dans ce cas une réparation
ſatisfaiſante à la partie léſée. Ces nations ne demandent que le plus léger
prétexte pour violer leurs engagemens ; on ne peut donc s'énoncer trop
en détail avec elles, & ſur-tout il faut
leur donner l'exemple de la bonne foi
en obſervant à la lettre tout ce dont
on eſt convenu, & ne donnant jamais
azile aux eſclaves fugitifs qui ſe ca-
chent dans des vaiſſeaux Chrétiens.

Une Puiſſance qui veut tenir un
Conſul à Tripoli, à Alger, &c. ſti-
pule qu'il y joüira du droit des gens,
en expliquant ce que c'eſt que ce
droit ; qu'il ſera ſeul Juge de tous les
différends qui pourront s'élever entre
ceux de ſa nation, & qu'il aſſiſtera au
Jugement de tous les procès que ceux-
ci auront avec les naturels du pays,
ſoit qu'il s'agiſſe d'affaire criminelle
ou civile ; qu'il aura dans l'intérieur
de ſa maiſon le libre exercice de ſa
Religion, & qu'il ſera permis aux

efclaves de fa communion d'y parti-
ciper. Pour affurer le commerce , il
faut convenir des droits qui fe payeront aux Doüanes. On obtient fans peine des Barbarefques l'entrée franche
de toutes fortes d'armes à feu & de
munitions de guerre. Ils fe défiftent
affez aifément du droit de s'emparer
des effets d'un Etranger qui meurt
chez eux. Ils promettent à un Prince
avec qui ils traitent , de laiffer à fes
fujets la liberté de fe retirer en cas de
rupture ; mais cet article eft prefque
toujours violé, & il eft rare que leur
premier acte d'hoftilité ne tombe pas
fur le Conful & les fujets de la nation
dont ils ont à fe plaindre , ou qui leur
déclare la guerre.

En traitant avec les Puiffances de
la côte d'Afrique , on s'interdit quelquefois l'entrée de fes ports refpectifs,
à moins qu'on ne foit obligé par la
tempête ou par quelque autre accident
d'y chercher retraite. Dans ce cas-là
même les Barbarefques fe foumettent
à ne fortir du port qui leur aura été
ouvert , que 24. heures après que les

vaiſſeaux marchands qui étoient dans le même port auront mis à la voile.

ANGLETERRE.

Je me bornerai à parler des privileges que Mahomet IV. accorda à Charles II. & à ſes ſujets. Cette Capitulation eſt du mois de Septembre 1675.

Les Anglois joüiront dans toute l'étenduë de l'Empire Ottoman des mêmes privileges qui y ont été donnés aux François & aux Vénitiens, *art.* 18. c'eſt-à-dire, que toutes les nations qui ne tiennent point d'Ambaſſadeur ordinaire à la Porte, pourront aborder & commercer dans tous ſes ports ſous leur pavillon, *art.* 1. & 33. Que les Anglois ne payeront point la taxe nommée Karatche, & qu'ils pourront charger ſur leurs vaiſſeaux toutes ſortes de marchandiſes, à l'exception de la poudre à canon, des armes à feu, & autres dont on ſe ſert à la guerre, *article* 13. & 22.

Tout différend élevé entre les Sujets de la Couronne d'Angleterre, fera jugé par l'Ambaffadeur ou les Confuls de la Nation. *Art.* 16. A l'égard des Procès que quelque Anglois pourroit avoir avec des Sujets du Grand Seigneur, on fuivra les mêmes formalités dont je viens de rendre compte dans l'article précédent, en parlant des François. *Art.* 10. 23. *&* 24. S'il arrivoit qu'un Anglois, foit à caufe de fes propres dettes, foit pour s'être rendu caution, s'abfentât, fe fauvât du pays, ou fit banqueroute, le Créancier n'aura fon recours que contre fon Débiteur, & ne pourra intenter action contre aucun autre Anglois. *Art.* 8.

Les effets d'un Anglois mort fur les terres de la Porte, ne feront point confifqués. *Art.* 26. Tout Sujet d'Angleterre fait efclave, fera remis en liberté fur la demande de l'Ambaffadeur, ou des Confuls de la nation. *Art.* 12. Et le Grand Seigneur obligera les Corfaires & les Pirates Levantins, à reftituer les prifes qu'ils auront faites fur les Commerçans Anglois. *Art.* 19.

PROVINCES-UNIES.

Ce n'eſt qu'en 1680, que les Hollandois, en vertu de la Capitulation qu'ils obtinrent de la Porte, ceſſerent de trafiquer dans le Levant ſous le Pavillon des Anglois, & commencerent à joüir des mêmes avantages qui ont été accordés aux François, & aux autres Nations les plus favoriſées. Depuis ce temps les Etats Généraux ont eu beaucoup de conſidération à Conſtantinople ; l'étendue de leur commerce a donné une juſte idée de la grandeur de leur puiſſance, & dans les Congrès de Carlowitz & de Paſſarowits, ils ont été, conjointement avec les Anglois, Médiateurs des Traités de Paix, que le Grand Seigneur y a faits avec pluſieurs Puiſſances Chrétiennes.

Je ne m'arrêterai point à parler des Priviléges que les Hollandois ont obtenus. Leur Ambaſſadeur joüit des mêmes

mêmes franchises que celui d'Angleterre, & il a la même autorité sur les Commerçans de sa République. En un mot, on peut appliquer aux Sujets des Provinces-Unies, tout ce qu'on vient de lire dans l'article des Anglois.

MAISON D'AUTRICHE.

Dans les Traités que la Maison d'Autriche a passés avec la Porte depuis Ferdinand I. jusqu'au régne de Léopold, on ne trouve aucun article qui régle les intérêts respectifs des deux Puissances par rapport au commerce. Elles convinrent à Carlowitz, que les Sujets de la domination Autrichienne commerceroient librement dans tous les Etats du Grand Seigneur, & qu'ils y auroient les mêmes Priviléges qui sont accordés aux Nations les plus favorisées. *T. de Carlowitz, art.* 14.

Il n'étoit pas nécessaire alors de traiter sur cette matiere d'une façon plus détaillée, les Sujets de la Maison

Tome I. C c

d'Autriche ne faifant avec ceux de la Porte , qu'un très-petit commerce par les rivieres de Hongrie. Les chofes ont changé depuis de fituation , & par la Paix d'Utrecht l'Empereur Charles VI. ayant réuni à fes anciens Domaines les Pays-Bas Efpagnols , & une grande partie de l'Italie , fongea à favorifer le commerce avantageux que fes nouveaux Sujets pouvoient faire dans le Levant. Les fuccès qu'il eut en Hongrie contre les Turcs , pendant les Campagnes de 1717 , & 1718 , le mirent en état de tout obtenir du Grand Seigneur.

Les Sujets de l'Empereur Charles VI. (fous ce nom font compris les Allemands , les Hongrois , les Italiens & les habitans des Pays-Bas) pourront librement commercer par terre & par mer dans tous les Etats du Grand Seigneur , y porter leurs marchandifes , & en tranfporter de toutes les efpeces , excepté celles qui font néceffaires à la guerre , comme la Poudre à canon , les Armes à feu , &c. ils ne payeront pas aux Doüanes des droits plus forts que la Nation la plus amie. *T. de Paix de Passarowitz, art. 13. T. de Commerce de Passarowitz, art. 1. 3. & 4.*

Les deux Contractans pourront commercer fur le Danube. Il fera libre aux Sujets de l'Empereur d'entrer dans la mer Noire, & de vendre leurs marchandifes dans toutes les Places de cette côte qu'ils jugeront à propos. *T. de C. de Paſſer. art. 2.*

Les Miniftres que l'Empereur tiendra à la Porte; joüiront de tous les droits accordés à ceux des autres Princes. On leur donnera même quelque diftinction particuliere. Ils pourront amener avec eux des Interprêtes, & leurs couriers ne feront jamais arrêtés. *T. de P. de Paſſar. art. 18.*

L'Empereur établira des Confuls, Vice-Confuls, Interprêtes, Facteurs, &c. dans tous les lieux où d'autres Princes Chrétiens en tiennent. *T. de P. de Paſſar. art. 13. T. de C. de Paſſar. art. 5.* Les Sujets de la Cour de Vienne feront exempts du Karatche, & la Porte ne s'emparera pas des effets de ceux qui mourront dans ses Domaines. Dans les endroits où la Cour de Vienne ne voudra établir qu'un Interprête, il y joüira de toutes les franchises & de tous les droits accordés aux Consuls. A l'égard des démêlés que les Sujets de l'Empereur peuvent avoir ensemble, ou avec les Sujets du Grand Seigneur, on stipule les mêmes conditions qui ont été arrêtées dans le même cas pour les François & pour les Anglois. Il est dit cependant que si la somme qui cause un Procès entre un Commerçant Autrichien & un Sujet de la Porte, passe 3000. aspres, l'affaire sera renvoyée & jugée au Divan. *T. de C. de Passar. art. 5.*

Le Grand Seigneur pourra établir sur les Terres de l'Empereur des *Sachbender*, ce sont des espèces de Consuls, pour la sûreté & l'avantage de ses Commerçans. Ils seront protégés par le Gouvernement, joüiront du droit des Gens, & prendront sous leur garde les effets des Sujets de la Porte, qui mourront fur les Terres de l'Empereur. *T. de C. de Paſſar. art. 6.*

Le Grand Seigneur défendra expreſſément à ceux de Tunis, d'Alger, de Dulcinium, d'attaquer les Navires qui porteront Pavillon Autrichien. En cas de contravention, il les châtiera ſévérement, & les forcera à reſtituer leurs priſes. *T. de P. de Paſſar. art. 13.*

Le Grand Seigneur ne ſe vengera jamais ſur les Marchands Autrichiens, des déprédations & captures que l'Ordre de Malte aura faites ſur les Turcs, ou ſur les autres Sujets de la Porte. *T. de C. de Paſſar. art. 4.*

Si quelque Sujet de l'Empereur eſt pris ſur un Vaiſſeau de Corſaires, on lui rendra ſa liberté. Si quelque Sujet du même Prince conſtitué en place, ou ſimple Marchand, eſt accuſé d'avoir embraſſé le Mahometiſme, cette accuſation ſera vaine, juſqu'à ce qu'il avoüe devant le Conſul ou l'Interprête, qu'il profeſſe en effet la Religion de Mahomet, & ce changement ne l'autorisera point à ne pas payer ses dettes. *T. de C. de Passar. art. 16.*

Les Commerçans de Perse, qui voudront aller dans les Etats de l'Empereur par la mer Noire & le Danube, & retourner par cette même route dans leur pays, ne payeront, outre l'impôt appellé Refflie, que le cinq pour cent de leurs marchandises, & ils ne le payeront qu'à une seule Doüane. *T. de C. de Passar. art. 19.*

En cas de rupture entre les deux Puissances contractantes, leurs Sujets seront respectivement avertis de se retirer ; mais on leur laissera le temps de payer leurs dettes, & de recevoir ce qui leur sera dû. *T. de C. de Passar. art. 18.*

NAPLES.

On vient de voir que les deux Siciles sont comprises dans le Traité de Passarowitz, & quoiqu'elles eussent changé de maître par la Paix de Vienne de 1738, les Sujets de ce Royaume pouvoient continuer leur commerce dans les Domaines du Grand Seigneur, sous la protection de la Maison d'Autriche. Cet avantage parut suspect à la nouvelle Cour de Naples, & D. Carlos jugea qu'il étoit plus digne de lui, & plus utile à son Peuple, de traiter directement avec la Porte, & d'y entretenir un Ministre. M. le Marquis Finochetti fut chargé de cette négociation, & malgré les obstacles que lui opposerent quelques Puissances qui ont du crédit à Constantinople, il y fit un Traité avantageux en 1739.

Il y aura une Paix perpétuelle entre la Couronne de Naples & la Porte Ottomane. Leurs Sujets commerceront avec liberté les uns chez les autres, & seront respectivement traités comme la nation la plus favorisée. En cas de rupture, il leur sera permis de se transporter avec leurs effets où bon leur semblera. Les Sujets du Roi des deux Siciles seront exempts du Karatche, & traités à l'égard des Doüanes, comme les François, les Anglois & les Hollandois. *Art. 1. 2.*

10. & 21. Les Conſuls, Vice-Conſuls & Interprêtes Napolitains, qui feront établis ſur les Terres du Grand Seigneur, joüiront de tous les priviléges du Droit des gens. La Porte établira des *Sachbender* dans les Etats du Roi de Naples. A l'égard de leurs querelles particuliéres, les Napolitains ne reconnoîtront point d'autres Juges que l'Ambaſſadeur ou les Conſuls de leur nation. En cas de mort leurs effets ne feront point confiſqués. *Art.* 3. 4. 5. & 7. Le Grand Seigneur défendra ſous des peines très-ſéveres aux Corſaires de Barbarie, & des Côtes de la mer Adriatique, de troubler le commerce des Napolitains ; les priſes faites par les Pirates ſeront reſtituées. L'un des Contractans ne recevra point dans ſes ports l'ennemi de l'autre. *Art.* 17. & 18. Je ne dis rien des Procès que les Sujets de la Porte peuvent avoir avec ceux des deux Siciles, dans ce cas l'ordre de la procédure doit être le même que s'il étoit queſtion d'un François ou d'un Anglois. *Art.* 5. & 6. Les Napolitains pourront

ront exercer leur Religion dans toute l'étendue de l'Empire Ottoman. *Art.* 4. Je passe sous silence quelques autres articles moins importans, mais je remarquerai que n'étant point parlé dans ce Traité du rang que devoit tenir à la Porte le Ministre du Roi des deux Siciles, cette matiere devint l'objet d'une seconde négociation. M. le Marquis Finochetti ne se conduisit pas avec moins d'habileté dans celle-ci que dans la premiére ; & il fut arrêté, que pour prévenir toutes les disputes qui pourroient naître au sujet de la précédence dans les visites publiques qu'on rend à la Porte, le Ministre du Roi de Naples, de quelque caractére qu'il fût revêtu, feroit ses visites huit jours avant ou huit jours après que les Ministres, soit Ambassadeurs soit Envoyés des autres Princes Chrétiens, auroient fait les leurs.

VENISE.

La République de Venise sera libre de rappeller & de changer à son gré l'Ambaſſadeur, ou le Baile, qu'elle tient à la Porte. Tout ce que ce Miniſtre & les Conſuls, Interprêtes, &c. acheteront pour l'uſage de leur maiſon, ne payera aucun impôt. *T. de Paſſarowitz, art.* 14. Je ne parle point ici du dix-huitiéme article de ce Traité qui établit le droit du Baile & des Conſuls ſur les Commerçans de leur nation dont ils ſont les ſeuls Juges, & qui regle la procédure qui ſera ſuivie dans les procès que quelque ſujet de la Porte intentera contre un Vénitien ; ce ſont les mêmes priviléges qui ont été accordés aux François. La République eſt traitée ſur les terres du Grand Seigneur, comme la nation la plus favoriſée ; ſes Commerçans ne payeront point le Karatche tant qu'ils n'y ſeront pas établis à demeure, & en cas de mort leurs effets ſeront confiés au Baile ou aux Conſuls qui les remettront au légitime héritier. *T. de Paſſar. art.* 13. & 25.

Un Marchand Vénitien ne pourra partir de Conſtantinople pour quelque Echelle du Levant que ce ſoit, fans le fauf-conduit du Baile de la République. *T. de Paffar. art.* 13.

Les vaiffeaux portant pavillon de Saint Marc ne feront point infultés. Le Grand Seigneur enjoindra à ceux de Tripoli, d'Alger & de Tunis, de les refpecter de même que leur Territoire. On ôtera leurs galeres aux Pirates de Dulcinium. Les uns & les autres feront forcés à réparer les torts qu'ils auront faits aux fujets de la République. Les Commerçans des côtes de Barbarie ou d'ailleurs qui profeffent la Religion de Mahomet, feront reçus dans les ports de la Seigneurie de Venife; & en payant les droits ordinaires ne recevront aucune avanie, & pourront continuer leur route à leur gré. *T. de Paffar. art.* 15. 19. & 20.

La République continüera l'ancien commerce qu'elle fait au Caire. Les deux flottes marchandes qu'elle y envoye, de même que dans quelques autres ports, feront plus ou moins confidérables, felon qu'elle le jugera à propos. Leur départ ne pourra être retardé, & elles ne payeront point les droits nouvellement établis. *T. de Paſſar. art.* 21.

Les vaiſſeaux de la République n'entreront point dans les ports du Grand Seigneur, ſans le conſentement de l'Officier qui y commande , & qu'ils n'ayent fait le ſalut ordinaire , à moins qu'ils ne ſoient pourſuivis par des Pirates , ou battus par la tempête. Si les Vénitiens s'emparent de quelques Corſaires , ils ne pourront les faire mourir ; on les remettra à la Porte qui ſe charge de les punir. *Traité de Paſſar. art.* 23.

Si un Marchand ou un Capitaine de navire Vénitien ſe faiſoit Mahométan , on ne lui fera aucune inſulte , mais il ſera obligé de payer ſes dettes, de remettre entre les mains du Baile ou des Conſuls , les marchandiſes qui appartiennent aux ſujets de la République , & de rendre le vaiſſeau dont on lui avoit confié le commandement. Dans le cas que l'eſclave d'un Vénitien s'échape & embraſſe le Mahométiſme , il ſera obligé de donner

1000. afpres à fon Maître, on le rendra s'il refte Chrétien. Un efclave Turc qui fe fauvera fur les Terres de la République, n'y aura azile qu'en fe faifant Chrétien, & en donnant 1000. afpres à fon Maître. *Traité de Paffar. art. 25. & 26.*

PAIX DE VASWAR.

Cette Paix, connue auffi fous le nom de Paix de Themefwar, fut conclue entre l'Empereur Léopold & Mahomet IV. le 10. Août 1664. quelques Hiftoriens en rejettent la date au 17. du mois fuivant. La guerre avoit été occafionnée par l'entrée des Turcs en Tranfilvanie, qui foupçonnant la fidelité du Prince qui y regnoit, le dépoferent & placerent fur fon trône Michel Apaffi. La célébre bataille de S. Godart donnée le 1. Août 1664. répandit une telle confternation dans l'Armée des Infidéles, que la Porte n'ofant efperer aucun fuccès, fe hâta de faire fon accommodement.

La Tranfilvanie demeurera dans

ſes anciennes limites, & continuera à jouir de tous ſes priviléges ſous le commandement de Michel Apaffi. *T. de Vaſwar*, *Art.* 1.

L'Empereur Léopold pourra fortifier Gutta & Nitra, & on raſera les fortifications de Zechethid. *T. de Vaſ. Art.* 2. & 7.

Les Territoires de Zatmar & de Zabolch qui avoient été cédés au Prince Ragotski, ſeront donnés à l'Empereur ; & le Grand Seigneur reſtera maître de Varadin & de Newhauſel. *T. de Vaſ. Art.* 6. & 8.

La Paix, ou plûtôt la Treve, de Vaſwar n'avoit été faite que pour 20. ans : elle fut renouvellée pour 20. autres années par le Traité que Léopold & Mahomet IV. ſignerent à Conſtantinople en 1681.

Il ſera permis aux deux Puiſſances contractantes de réparer les fortifications qui couvrent leurs frontiéres, mais il leur eſt défendu d'en conſtruire de nouvelles. *T. de Conſtantinople, Art.* 5.

Le Grand Seigneur & le Prince

de Tranfilvanie, ne pourront lever aucune contribution fur les Territoires de Zatmar & de Zabolch, & ne prétendront aucun droit fur les autres Pays qui appartiennent à l'Empereur Léopold. *T. de Conft. Art.* 6.

Quand la Couronne de Tranfilvanie fera vacante, qu'il foit permis aux Etats du Pays de s'affembler felon leurs coutumes anciennes, pour fe choifir librement un Prince. Cette Principauté fera maintenue dans la jouiffance de tous fes droits, & de fes prérogatives. *T. de Conft. Art.* 7.

Les Religieux de la Communion Romaine qui font établis dans la partie de la Hongrie foumife aux Turcs, continueront à exercer leurs fonctions fans être moleftés par les Officiers de la Porte. *T. de Conft. Art.* 9.

Le Comte de Montecuculli rapporte dans fes Mémoires, que les Turcs ne font jamais la paix avec les Chrétiens, fans en demander pardon à Dieu, & repréfenter humblement à leur Prophéte qu'ils y font forcés

par la néceffité. Mahomet a établi fa
Religion les armes à la main, & il
a ordonné à fes fectateurs de l'étendre
par la même voie. Les Turcs croi-
roient pécher contre ce précepte, s'ils
faifoient une paix définitive avec les
Chrétiens. La méthode de ne conclure que des Treves, a quelque
chofe de barbare, & femble fuppofer
beaucoup d'ambition ; cependant il y
a long tems que les Turcs ne font pas
des voifins plus inquiets, que les autres peuples de l'Europe, & ils font
moins attachés à leurs maximes, depuis qu'ils ont commencé à craindre
leurs ennemis. Leurs Treves produi-
fent dans le fond, le même effet que
nos Traités définitifs : peut-être même
font-elles plus utiles, en ce fens qu'elles abregent les Négociations de la
paix.

PAIX DE CANDIE.

Le Gouverneur de Candie ayant
donné retraite à quelques Galeres de
Malthe qui avoient fait une prife

confiderable fur les Turcs, le Sultan
Ibrahim entreprit la conquête de
cette Ifle. Sa flote y aborda en 1645.
& fon armée ouvrit la Campagne par
le Siége de la Canée. Tout étoit foumis, & il ne reftoit plus qu'à s'emparer de la Ville même de Candie,
quand Ibrahim mourut. Son Succeffeur qui négligea d'abord cette guerre,
comprit enfin qu'il falloit confommer
l'entreprife de fon pere, ou perdre le
fruit de fes fuccès. Mahomet IV. fit
les plus grands préparatifs, & les Vénitiens fe difpoferent à une vigoureufe
réfiftance. Le Siége de Candie eft un
des plus mémorables que préfente
l'hiftoire ; cette Place capitula le 5
Septembre 1669. après avoir réfifté
près de deux ans & demi, à toutes
les forces de l'Empire Ottoman. La
Porte perdit à ce Siége, plus de deux
cents mille hommes, & il en coûta
cent millions d'écus d'or à la République de Venife, pour perdre le
Royaume de Candie.

Il y aura une Treve de 30 ans
entre la République de Venife & la

Porte. Les Vénitiens abandonneront au Grand Seigneur, Candie, Suda, Spinalonga, le Cap de Carabufes & Tines. *T. ou Capitulation de Candie, art. 1. & 2.*

Les Vénitiens posséderont sur la côte de Dalmatie, la Fortereffe de Cliffa avec quelque territoire voifin, pour fervir de retraite aux Candiots qui voudront abandonner leur pays. *T. de Cand. art. 4.*

La République de Venife ne payera pas à la Porte de contribution plus forte que par le paffé, à raifon des Ifles de l'Archipel qui lui appartiennent, & elle fera exempte de toute charge pour les Ifles de Cephalonie & de Zante. *T. de Cand. art. 5.*

PAIX DE ZURAWNO.

Dorofesko, Chef des Cofaques Saporovi, s'étant mis avec fa nation fous la protection de Mahomet IV. les Polonois, dont ils étoient Vaffaux, en furent indignés, & pour les châtier de cette infidélité, envoyerent fur leurs terres une Armée qui avoit ordre de les ravager. Le Sultan se hâta de venir au secours de ses nouveaux Sujets. Il entre dans la Podolie en 1672. assiége & prend Caminiec en peu de jours ; fait attaquer Lemberg dans la Russie noire, & consterne à un tel point les Polonois en s'avançant jusqu'à Bouczacz, que la Paix y fut signée le 18 Octobre 1672.

Michel-Koribut, Roy de Pologne, cédoit une partie considerable de la Podolie à la Porte, & s'engagea de lui payer un Tribut annuel de vingt-deux mille ducats, & de traiter les Cosaques comme amis. La République revenuë de sa premiére terreur, ne voulut point souscrire à ce Traité honteux. Les hostilités recommencerent, & les succès du fameux Roy Sobieski forcerent le Grand Seigneur à conclure un nouveau Traité à Zurawno sur le Boristhene, le 15 Octobre 1676.

Le Traité de Bouczacz conclu entre Michel-Koribut & Mahomet IV. sera regardé comme non avenu, & le

Tribut annuel de vingt-deux mille ducats est aboli. *T. de Zurawno*, *art.* 5.

Caminiec est cédé aux Turs avec une certaine étenduë de la Podolie, dans laquelle sont comprises les Places de Yaslovecz & de Mejibos. Les Polonois resteront les maîtres de la partie de l'Ukraine qui est sur la rive droite du Boristhene, & la Porte possedera Cominra & l'autre partie de l'Ukraine qui avoit appartenu à Dorosesko. *T. de Zur. art.* 2. Cette partie est celle qui est située sur la rive gauche du Boristhene, & qui appartient aujourd'hui à la Cour de Russie.

Pour bien entendre cet article, il faut se rappeller que les Cosaques ne furent pas long temps sans se repentir de s'être mis sous la protection de la Porte. Leur Général toujours inquiet & mécontent de ce qu'il avoit entrepris, les engagea à se donner au Czar, qui les reçut avec plaisir au nombre de ses Sujets. Ce fut-là l'origine de la guerre qui s'alluma entre la Ruſſie & l'Empire Ottoman, & qui ne fut terminée qu'en 1679. par l'abandon que Mahomet fit au Czar, de la partie de l'Ukraine qu'il s'étoit réſervée en traitant à Zurawno. On peut voir dans le Chapitre ſecond de cet ouvrage, les Articles dont la Pologne & la Ruſſie ſont convenues au ſujet de l'Ukraine.

Je remarquerai en paſſant, que c'é-toit un avantage bien médiocre pour un Etat, que de tenir les Coſaques ſous ſa protection. Tartares d'origine & incapables de diſcipline, ils faiſoient ſouvent plus de mal à leurs amis qu'à leurs ennemis. Ils ont ſuſcité à la Pologne mille guerres cruelles, & cette République ne vit en bonne intelligence avec la Porte, que depuis qu'elle les a détruits. Le Czar Pierre I. s'eſt vû forcé à prendre le même parti à l'égard des Coſaques de la rive gauche du Boriſthene ; ce n'eſt qu'en les ruinant qu'il a pu ar-rêter le cours de leurs révoltes & de leurs ſéditions.

Les Chrétiens auront le libre exer-

cice de leur Religion dans les Territoires qui font cédés aux Turcs, & la
garde du S. Sepulchre de Jérufalem,
fera rendüe aux Religieux Francif-
cains. *T. de Zur. art.* 4. *&* 5.

La Porte & le Kam de la petite
Tartarie promettent de défendre de
toutes leurs forces, les poffeffions de
la République de Pologne. Ils s'engagent même, fi elle y confent, de
lui faire reftituer les Provinces qui lui
ont été enlevées par les Mofcovites.
T. de Zur. art. 6. Il paroît que par
cette dernière claufe le Grand Seigneur vouloit porter les Polonois à
faire une diverfion en fa faveur, & à attaquer les Mofcovites avec lefquels ils
n'avoient fait que des Traités de treve
en leur cédant Kiou, Smolenfko, &c.
Voyez le fecond Chapitre de cet Ouvrage. La République de Pologne
étoit trop épuifée pour entreprendre
une nouvelle guerre; & la Porte en
faifant deux ans après fa paix avec la
Ruffie, ne fongea point aux reftitu-
tions qu'elle avoit en quelque forte
promifes aux Polonois.

On trouve dans la nouvelle Histoire Ottomane du Prince Démétrius Cantimir, un Traité tout différent de celui sur lequel j'ai travaillé. Il ne seroit pas difficile, je crois, de prouver que cette piece est supposée ; un Lecteur intelligent s'en appercevra à la simple lecture. Que signifie ce tribut annuel dont il est parlé dans le dix-huitiéme article, & que la République de Pologne se charge de payer au Kam de la Tartarie Crimée ? Les Polonois n'ont jamais été Tributaires de ce Prince. Est-il naturel qu'ayant soutenu une guerre opiniâtre pour se laver de la honte du Traité de Bouczacz, ils se soumettent, malgré leurs succès, à des conditions encore plus humiliantes, & qu'ils accordent au Kam des Tartares ce qu'ils refusent au Grand Seigneur ?

PAIX DE CARLOWITZ.

La Hongrie n'a joüi de quelque tranquillité que depuis le commencement de ce siécle. Jusqu'au régne de

Ferdinand I. elle fut prefque toujours ravagée par le feu des guerres civiles, en même temps qu'elle avoit à fe défendre contre les irruptions des Turcs, & à fe défier de l'ambition de la Maifon d'Autriche. Loüis Ladiflas ayant été tué à la bataille de Mohatz, les Hongrois donnerent leur Couronne à Jean Zapolski, & quelques mécontens la défererent de leur côté à Ferdinand I. dont la femme, Anne de Hongrie, étoit fille & fœur de leurs deux derniers Rois.

Cette double élection excita une guerre fanglante, & les deux Concurrens convinrent enfin, avec le confentement de la Nation, de garder chacun le pays dont ils s'étoient emparés, & que celui qui furvivroit à l'autre, feroit reconnu pour feul Souverain de toute la Hongrie. Zapolski ne vécut pas long temps, & dès que Ferdinand I. fut délivré de fon rival, il ne fongea qu'à affermir fon autorité, & à rendre fa Couronne héréditaire : ce projet ambitieux fut une partie de l'héritage qu'il laiffa à fa poftérité,

poftérité. On ne doit point être furpris que la Hongrie n'ait pu éviter le
joug que l'Empire n'a pu fecoüer. Il
faut le dire cependant à la gloire des
Hongrois, tout ce que le courage peut
ofer, ils le tenterent pour conferver
leur liberté. Mais après avoir éprouvé
pendant deux fiécles toutes les faveurs
& toutes les difgraces de la fortune,
il fallut fuccomber à la Paix de Carlowitz. Les Hongrois fentirent le
contre-coup des pertes que faifoit la
Porte, & les fuccès de l'Empereur
Léopold ne leur laifferent aucune ef-
perance de pouvoir fe relever. La
Tranfilvanie, où fe formoient tous les
orages qui menaçoient la Maifon d'Autriche, devint une de fes Provinces;
il y eut une profcription contre tous
les Seigneurs de Hongrie, dont on
craignit les talens, ou dont les Miniftres de la Cour de Vienne envierent
les richeffes ; les principales Places
du Royaume furent gardées par des
troupes Autrichiennes ; les anciennes
Loix furent détruites, & un Gentil-
homme affez téméraire pour parler en

Tom. I. E e

faveur de la Patrie, en eut été infruc-
tueufement le martyr.

Les Priviléges que la Cour de Vienne vient de rendre aux Hongrois, ne
font-ils pas capables de réveiller l'ancien génie de la Nation, furtout dans
un temps qu'elle a appris à connoître
fes forces ?

Perfonne n'ignore les événemens
de la guerre qui fut terminée à Carlowitz le 26. Janvier 1699, par la
médiation de Guillaume III. & des
Provinces-Unies. Quelque humilian-
te que foit cette Paix pour la Porte,
fes ennemis auroient obtenu des conditions encore plus avantageufes, s'il
n'avoit été de l'intérêt de la Cour de
Vienne & des Médiateurs, de pacifier
promptement la Hongrie. On s'attendoit à tout moment à la mort de
Charles II. Roi d'Efpagne, & dans
cette conjonction les ennemis de la
France avoient befoin de réunir toutes leurs forces contre elle.

MAISON D'AUTRICHE. LA PORTE.

La Principauté de Tranſilvanie, ſelon ſes anciennes bornes, demeurera ſous la puiſſance de l'Empereur Léopold. *T. de Carlowitz, entre Léopold & Muſtapha, art.* I. Cet article ſouffre de grandes difficultés, & je doute fort que le Traité de Carlowitz ſoit un titre capable de légitimer la poſſeſſion de la Maiſon d'Autriche. Le Grand Seigneur n'avoit qu'un ſimple droit de protection ſur la Tranſilvanie, & l'on vient de voir que l'indépendance de cette Principauté eſt reconnue par les Traités de Waſwar, & de Conſtantinople ; pourquoi donc les Miniſtres du Sultan la cédent-ils purement & ſimplement, comme ils auroient pu céder une de leurs Provinces ? il n'y a perſonne qui ne ſente l'irrégularité de cette conduite.

D'ailleurs le droit de l'Empereur Léopold a d'autant moins de force, que par les Traités de Vienne & de Balasfalva de 1686, dont j'ai rendu compte dans le troiſiéme Chapitre de cet Ouvrage , ce Prince avoit lui-même garanti autentiquement aux Tranſilvains leur liberté , leurs privi-léges & leur indépendance. C'eſt en conſéquence de ces Actes qu'ils élu-rent en 1704. François Rokotski pour leur Souverain légitime , & le pro-clamerent avec les formalités ordinai-res. Tout ce qu'il y eut de mécontens en Hongrie ſe retirerent en Tranſil-vanie. On prit les armes , & cette Guerre fut terminée par le Traité de Zatmar le 29. Avril 1711. Cette Paix ne légitime point les droits de la Maiſon d'Autriche , parceque l'Em-pereur Charles VI. ne traita pas avec le Prince & les Etats de Tran-ſilvanie , mais ſeulement avec quel-ques Gentilshommes , qui n'étoient autoriſés par aucun pouvoir. Ce qu'on appelle le Traité de Zatmar , n'eſt même point un Traité ; ce n'eſt qu'un Acte d'amniſtie , par le-quel un Souverain pardonne à des ſujets révoltés , & conſent de mettre en oubli leur infidélité. Il y a apparence que la Cour de Vienne, contente de posseder la Transilvanie, n'aura jamais d'autre titre sur cette Province, que celui que donne enfin la prescription.

Le Grand Seigneur possédera le Bannat de Themeswar avec tous ses districts ; c'est-à-dire, tout le territoire qui est borné au Midi par le Danube, au Nord par le Merich, & une partie de la Transilvanie, à l'Orient par la Valaquie, à l'Occident par la Teyssa ou le Tibisc. Toutes les Isles du Tibisc & du Merich, resteront sous la domination de la Maison d'Autriche. Les Sujets des deux Puissances contractantes pourront librement naviger, commercer, pêcher, &c. sur ces deux rivieres ; & il est défendu d'en détourner les eaux sous quelque prétexte que ce soit. L'Empereur pourra détruire les fortifications de Karomsebes, Lugas, Lippa, Csanad, Kiscanisia, Betsche, Betskerek & Sablia. Le Grand Seigneur ne pourra les rétablir ni en construire de nouvelles sur les bords du Tibisc ni du

Merich. *Traité de Carlowitz, art.* **2.**

L'Empereur Leopold n'ajoutera aucune nouvelle fortification à Titul, place située sur le Tibisc. *T. de Carl. art. 3.*

De Titul on tirera une ligne droite au Danube ; de-là on en tirera une seconde jusqu'à Morovig sur le Boffut, & ces deux lignes serviront réciproquement de bornes aux deux Etats. Les fortifications de Morovig seront rasées. La Save, depuis l'embouchure de l'Unna jusqu'à celle du Boffut, servira de limite aux deux Puissances. Les Isles de la Save seront communes, & la navigation y sera libre. Les fortifications de Brod seront démolies, mais comme cette situation est favorable au commerce, l'Empereur pourra y bâtir une Ville qui ne sera enceinte que d'une simple muraille. L'Unna servira de limite à l'Empire Ottoman du côté de la Croatie. *T. de Carl. art.* **4.** *&* **5.**

Chacune des Puissances contractantes s'engage à ne donner aucun azile aux sujets rébelles & mécontens de l'autre. *T. de Carl. art. 9.* Les Hongrois qui se plaignoient de la Cour de Vienne, avoient coutume de se retirer sur les Domaines du Grand Seigneur, de demander sa protection, & de traiter avec lui. En 1683. le Comte Emeric Tekeli attira les Armes Ottomanes en Hongrie. Ce Seigneur devoit y être couronné, & il convint avec la Porte qu'après sa mort & celle de ses enfans, les Hongrois se choisiroient un Prince à leur gré, qu'ils conserveroient leurs priviléges & leur indépendance; & que moyennant un certain tribut, qui ne pourroit être augmenté ni diminué, le Grand Seigneur seroit obligé de les protéger contre tous leurs ennemis.

Les deux Empires tiendront sur leurs Frontieres respectives des Commissaires pour accommoder ou juger tous les différends qui pourroient y naître, & troubler l'harmonie de la Paix. On punira avec sévérité tous les vagabonds qui y commettront quelque violence. L'Empereur & le Grand Seigneur n'auront plus à leur service de ces troupes, communément appellées *Pribek*, qui ne reçoivent point de folde, & qui ne vivent que de butin. Leurs familles ne feront point fouffertes fur les Frontieres, on les tranfportera dans l'intérieur de l'Etat. *T. de Carl. art.* 11. *& 9.*

Les Miniftres que la Maifon d'Autriche envoyera à la Porte, joüiront des mêmes priviléges qui ont été accordés à ceux des Puiffances les plus amies ; & l'on ne pourra arrêter les couriers qui marcheront par leur ordre. *T. de Carl. art.* 17. Tous les articles qu'on vient de lire, feront fidellement obfervés pendant l'efpace de 25. ans. *T. de Carl. art.* 20.

POLOGNE. LA PORTE.

Les anciennes limites feront rétablies entre la Moldavie & la Podolie ; c'eft-à-dire, que le Niefter leur fervira de féparation. *T. de Carlowitz, entre la Pologne & la Porte, art.* 2.

Les Turcs évacüeront Caminiec ; les fortifications de cette Place demeureront

meureront dans l'état où elles se trouvent actuellement, & le Grand Seigneur renonce à tous les droits qu'il peut prétendre sur la Podolie ou sur l'Ukraine. *T. de Carl. art. 3.*

On défendra à tous les sujets de la Porte de faire des courses sur les Terres de la République de Pologne. Les Magistrats & les Officiers que les deux Puissances tiennent sur leurs frontieres respectives, seront punis s'ils ne châtient pas avec sévérité tous les perturbateurs du repos public. *T. de Carl. art. 4.*

Il y aura un libre commerce entre les deux nations. Les Polonois pourront transporter leurs marchandises dans les Domaines de la Porte, & les y vendre ou les échanger contre d'autres marchandises, pourvû qu'ils payent les droits accoutumés. *T. de Carl. art. 8.*

La Pologne refusera tout azile aux sujets fugitifs du Grand Seigneur, & des Veivodes de Valaquie & de Moldavie. La Porte prend les mêmes engagemens à l'égard des sujets de la

Tome I. 　　　　　　　　F f

République. En un mot, les deux Puissances contractantes se rendront réciproquement les mécontens & les rebelles qui voudroient exciter quelques querelles entr'elles. *Traité de Carl. art.* 10.

LES TARTARES.

Les Tartares sont compris dans la paix de la Porte avec la Maison d'Autriche & la Couronne de Pologne. S'ils font quelque course sur les Terres de ces deux Puissances, on les forcera à rendre leur butin, & ils seront séverement punis. *T. de Carl. P. M. d'Au. art.* 20. *T. de Carl. P. & Pol. art.* 4.

On ne se donne guéres la peine de traiter directement avec les Tartares de Crimée & les Tartares Nogais; on ne sçauroit compter sur leurs engagemens, & il n'y a que la Porte, par le droit qu'elle a de confirmer & de déposer leur Kam, qui puisse les contenir dans le devoir. En 1670. le Czar Alexis Michalewicz fit cependant un Traité avec le Kam de la

petite Tartarie. Celui-ci s'engageoit à
ne plus faire de courfe en Ukraine ni
en Ruffie, à n'oublier aucun des titres
du Czar en lui écrivant, & à ne donner aucun fecours direct ni indirect à
fes ennnemis. Le Czar à fon tour promettoit d'envoyer tous les ans des
préfens au Kam, & de lui payer auffi
tous les ans 60. mille impériaux. Je
crois qu'il n'eft pas néceffaire d'avertir
mon Lecteur, que la Ruffie s'eft af-
franchie depuis de ce tribut.

VENISE. LA PORTE.

Le Grand Seigneur cede toute la
Morée à la République de Venife.
*T. de Carl. entre les Vénitiens & la
Porte, art.* 1.

Les Vénitiens évacüeront Lépante.
La partie du Château de Romélie qui
regarde Lépante, fera démolie de
même que la Forterefle de Prévéfa.
T. de Carl. art. 2.

Ils refteront en poffeffion des Ifles
de Sainte Maure & de Leucate. Ils
occuperont le Cap de Peraccia, mais

fans pouvoir s'étendre dans la Terre Ferme. *T. de Carl. art. 3.*

Les Golfes de Lépante & d'Engia font libres aux deux Puiffances contractantes ; leurs fujets pourront y naviger & y commercer fans être inquietés, & elles ne donneront retraite dans ces Golfes à aucun Pirate. *T. de Carl. art. 5.*

Les fujets de la République de Venife ne payeront point dans les Ifles de l'Archipel, le Karatche ni les autres impôts qui ont été créés pendant la guerre. Le Grand Seigneur confent à n'exiger dans l'avenir aucun tribut de la République pour l'Ifle de Zante, & il lui donne celle d'Egina adjacente à la Morée. *T. de Carl. art. 6. & 7.*

Depuis la Fortereffe de Chnin, fur les frontieres de la Croatie Autrichienne, jufqu'à celle de Verlica, de celle-ci à la Fortereffe de Sing, de cette derniere à celle de Zaduaria, de celle-ci à Vergorax, & femblablement de Vergorax aux Fortereffes de Ciclut & de Gabella, on tirera des

lignes droites qui ferviront de limites
aux deux Puiffances ; la République
de Venife poffédant tout le Territoire
qui eft compris entre ces lignes & la
Mer. Le Territoire à une lieuë de
diftance de chaque Forterefſe , appartiendra auffi aux Vénitiens. De même
fi dans les lignes qui fervent de limites , il fe rencontre quelque Forterefſe qui appartienne au Grand Seigneur , on lui formera une Banlieuë en
demi cercle prife en-delà des lignes ,
& elle s'étendra à une lieuë fur les
Terres des Vénitiens. *Traité de Carl.*
art. 8.

On levera tous les obftacles qui
empêchoient la communication entre
la République de Ragufe , & les Terres du Grand Seigneur. *T. de Carl.*
art. 9.

Les Fortereffes de Caftelnovo &
de Rifano près du Golfe de Cattaro ,
font laiſſées aux Vénitiens. *T. de Carl.*
art. 10.

Il eſt permis aux Contractans de
réparer & d'augmenter les Fortereffes
qu'ils poffedent, mais ils ne pourront

en conſtruire de nouvelles ſur leurs frontieres. Chacun d'eux s'engage réciproquement à refuſer tout azile aux ſujets fugitifs & rebelles de l'autre. *T. de Carl. art.* 12. *&* 13.

Il eſt d'uſage entre les Princes Chrétiens de ſe rendre à la paix tous les priſonniers qu'ils ont faits pendant la guerre ; & cet uſage eſt trop connu pour que j'en aye fait un article exprès dans les pacifications dont j'ai rendu compte. Il n'en eſt pas de même avec les Turcs. La Porte quelquefois ne rend qu'autant de priſonniers que la Puiſſance avec qui elle traite lui en renvoye ; ou bien elle ne donne la liberté qu'à ceux qui n'ayant point encore été vendus, appartiennent au Grand Seigneur. Il eſt permis aux autres de ſe racheter, & ſi leurs Maîtres exigent des rançons trop conſidérables, l'affaire eſt portée devant le Juge ordinaire, ou au Divan qui en décide.

RUSSIE. LA PORTE.

Le Czar Pierre I. ne fit à Carlowitz qu'une Tréve de deux ans avec
la Porte ; elle fut fignée le 25. Decembre 1698. Ce Prince refta maître
d'Afoff, dont il avoit confidérable-
ment augmenté les fortifications ; fes
Sujets eurent la liberté de commercer
fur les Terres du Grand Seigneur ,
qui s'engagea à ne plus permettre aux
Tartares de faire des courfes en Ruffie. Les Turcs ne fentirent l'importance de la Place qu'ils avoient cédée
au Czar , que quand fon Ambaffadeur
arriva au port de Conftantinople , accompagné d'une efcadre de Vaiffeaux
de guerre. La Porte comprit qu'elle
avoit perdu l'Empire de la Mer noire ,
& que fa Capitale même n'étoit pas
en fûreté. Elle prolongea cependant
en 1700. la Tréve de Carlowitz , qui
étoit prête à expirer. Le Czar lié avec
le Roi Augufte de Pologne , & que
fes projets contre la Suede occupoient
entiérement, obtint tout ce qu'il vou-

lut de la Porte, en promettant de ne plus avoir dé Vaiſſeau de guerre ſur la Mer noire.

RELIGION.

Le Grand Seigneur renouvellera tous les Priviléges qu'il a accordés aux Catholiques Romains, qui vivent dans ſes Etats. Les Moines pourront réparer leurs Egliſes & faire leurs fonctions, ſans être ſujets à aucune avanie, ni payer aucun tribut. *T. de Carlowitz, entre la M. d'Au. & la Porte, art. 13. T. de Carl. entre la Pologne & la Porte, art. 7.*

PAIX DE PRUT.

Toute l'Europe avoit vu avec étonnement que les Turcs n'euſſent pas profité des ſuccès de Charles XII. pour rompre avec la Ruſſie; & on ne penſoit pas qu'après la bataille de Pultova, ils oſaſſent attaquer un ennemi victorieux. Pierre le Grand qui connoiſſoit mieux la Porte, ſçavoit qu'on ne s'y conduit point par les maximes ordinaires de la politique ; que les intérêts de l'Etat y font toujours facrifiés à ceux des Miniftres, & qu'un caprice & une boutade décident fouvent de fes entreprifes. Ce Prince ne fe flata pas que fa victoire impofât au Grand Seigneur. Il fit tout ce que la prudence pouvoit lui infpirer pour prolonger une Tréve néceffaire à l'éxécution des projets qu'il avoit formés de faire des conquêtes fur la mer Baltique. Il répandit de l'argent dans le Divan ; & tandis qu'il ne négligeoit rien pour le corrompre, il faifoit les plus grands préparatifs de guerre fur le Tanaïs, dans le deffein d'intimider les Turcs, & de donner plus de poids aux raifons de fes Partifans ; ou de faire une vigoureufe défenfe, fi les Miniftres dévoüés à la Suede fe rendoient les maîtres des déliberations.

M. le Comte de Poniatouski fut affez adroit pour faire paffer jufques dans les mains du Sultan Achmet III. un Mémoire où il dévoiloit l'infidelité de fon

Vifir & de fes principaux Officiers.
Leur difgrace ruina les efperances du
Czar, & le nouveau Vifir, pour s'accréditer, lui déclara la guerre en 1710.
Charles XII. n'eut qu'une joye bien
courte ; le Lecteur fe rappelle dans
quelle fituation le Czar Pierre fe trouva
réduit l'année fuivante avec fon armée
fur la riviere de Prut. La retraite lui
étoit coupée ; les vivres ne pouvoient
plus venir à fon camp; il falloit périr.
Dans cette conjoncture la femme de
Pierre entama une négociation avec le
Vifir, ou plutôt elle lui offrit d'achet-
ter la Paix à un prix capable de tenter
fon avarice ; le Traité fut figné le
21. Juillet 1711. Les conditions en
étoient mortifiantes, & le Czar échap-
pé du danger, ne fe hâta pas de les
exécuter. La Porte toujours excitée
par Charles XII. au lieu d'en venir à
une rupture, fit des menaces ; elles
produifirent leur effet; la Paix de Prut
fut confirmée par un fecond Traité,
figné à Conftantinople le 16. Avril
1712.

La forterefle d'Afoff, avec fon territoire & ses dépendances, sera rendue à la Porte dans le même état où elle étoit avant le siége. *T. de Prut. art. 1.*

Les forteresses de Saiganrock, de Kamenki, & le nouveau Fort élevé sur la riviere de Samar, seront démolis, sans qu'on puisse jamais les rétablir. Les munitions de guerre qui sont dans la place de Kamenki, seront laissées à la Porte. *T. de Pr. art. 2.*

Le Czar ne demandera rien à la Pologne, il se contentera des cessions que cette Couronne lui a faites sur la rive gauche du Boristhene. *Voyez le troisiéme Chapitre de cet Ouvrage.* Et il ne se mêlera en aucune façon des Cosaques qui ne lui sont pas soumis. *T. de Constantinople, art. 3. T. de Pr. art. 3.*

Les Russes pourront librement commercer dans tous les Etats du Grand Seigneur ; mais le Czar ne pourra point tenir d'Ambassadeur ordinaire à la Porte. *T. de Pr. art. 4. T. de Const. art. 4. & 6.*

On rasera tous les Forts qui sont

conſtruits entre Aſoff, derniere place de l'Empire Ottoman , & le Château de Circaski , derniere place du Domaine du Czar. On ne pourra élever aucune nouvelle fortification entre ces deux Fortereſſes. Le Grand Seigneur ſera libre de rétablir celle qui eſt au-delà du Tanaïs, vis-à-vis Aſoff, & il aſſurera leur communication. *T. de Conſt. art.* 4.

Le Czar ne s'ingerera plus dans les affaires du Gouvernement Polonois. Il retirera les troupes qu'il tient en Pologne ; & déſormais il ne pourra y en faire rentrer, à moins que les Suedois ne paſſent ſur les terres de la République , pour porter la guerre dans la Ruſſie : en ce cas là même il ſera obligé d'évacuer la Pologne, dès que la Suede n'y aura plus d'armée. *T. de Conſt. art.* 1.

Les Traités de Prut & de Conſtantinople ſont faits pour 25. ans , à commencer du 16. Avril 1712. *T. de Conſt. art.* 7.

PAIX DE PASSAROWITZ.

La situation de l'Europe au commencement de ce siécle, a offert à la
Porte l'occasion la plus favorable de
se venger de ses ennemis, & de réparer ses pertes. Les victoires de Charles XII. répandoïent une consterna-
tion générale dans le Nord, & toutes
les Puissances du Midi s'étoient unies
pour arracher au Duc d'Anjou la Succession de Charles II. De quelque
côté que le Grand Seigneur eut porté
la guerre, en Hongrie, ou en Russie,
il étoit sûr du succès. Il trouvoit des
Alliés tout faits dans la France, &
dans la Suede ; ces deux Couronnes,
en ne défendant que leurs intérêts,
auroient combattu pour lui, & ses ennemis occupés d'une grande guerre,
n'auroient pu lui opposer qu'une foible partie de leurs forces. La circons-
tance étoit d'autant plus heureuse, que
la Hongrie remplie de mécontens n'é-
toit point encore accoutumés au joug,
& que les Transilvains avoient essayé

de le secoüer, en se donnant pour Prince François Rakotski.

On vient de voir que la Porte eut la malhabileté d'attendre que Charles XII. eut entiérement été défait à Pultova, pour rompre avec la Russie. Elle fit encore la même faute; & ce ne fut qu'après la conclusion de la Paix d'Utrecht, & des Traités de Radstat & de Bade, que le Divan résolut la guerre contre la République de Venise, & attira sur lui les forces de la Maison d'Autriche. Les Armes Ottomanes furent malheureuses, & la Paix fut faite à Passarowitz le 21. Juillet 1718. par la médiation de l'Angleterre & des Provinces-Unies.

MAISON D'AUTRICHE. LA PORTE.

La Porte céde à l'Empereur Themesvar & son Bannat, de même que toute la partie de la Valaquie, qui s'étend jusqu'à l'Alauta. Cette riviere servira de borne aux deux Empires de ce côté; la navigation en sera libre aux deux Puissances, & leurs Sujets pourront également y pêcher. *T. de Paffarowitz, art.* 1.

On établira les limites des deux Empires dix lieuës au deſſus de l'embouchure du Timoch, de ſorte qu'Iſperlecbanea, & tout ſon territoire reſtent au Grand Seigneur, & que l'Empereur ſoit maître de Reſſova. De-là tirant vers les montagnes de Parakin, la Ville de ce nom ſera cédée à l'Empereur, & la Porte conſervera Riſna. De cet endroit on tirera une ligne droite juſqu'à Iſtolaz ; on en formera une ſeconde d'Iſtolaz à Bedka, en paſſant entre Schabak & Bilarza ; enſuite contournant le territoire de Zokol, on ira par une ligne droite à Bellina ſur la Drinne. Le Grand Seigneur poſſédera tout ce qui ſe trouve à l'Orient de ces lignes ; tout le territoire qui eſt à l'Occident, appartiendra à la Maiſon d'Autriche. *T. de Paſſar. art.* 2.

La Save, depuis l'embouchure de l'Unna juſqu'à celle de la Drinne, eſt cédée à l'Empereur, de même que les Iſles de cette riviere, & tous les

Forts qui y font conftruits. *T. de Paff. art. 3.*

La Maifon d'Autriche poffédera fur la rive droite de l'Unna Jaffenowiz & Dobife ainfi que le Nouveau Novi, à l'occafion duquel il y eut des différends entre la Cour de Vienne & la Porte, lorfqu'en conféquence de la paix de Carlowitz, il fut queftion de fixer les limites des deux Puiffances dans la Croatie. *T. de Paff. art. 4. & 5.*

A l'égard des limites des deux Empires dans la partie de la Croatie qui eft voifine de la Morlàquie, chacun des Contractans retiendra les Places & le Territoire dont il eft en poffeffion. Ni l'un ni l'autre ne pourra élever de nouvelles Forterefles, mais il lui eft permis de réparer, munir & même augmenter celles qu'il poffede actuellement. *T. de Paff. art. 6.*

Voyez plus haut les conventions arrêtées entre la Cour de Vienne & la Porte, par les articles 9. & 11. du Traité de Carlowitz : Elles font renouvellées dans les articles 9. & 14. du Traité de Paffarowitz.

Tous

Tous les prisonniers publics seront rendus sans rançon. Ceux qui ont été vendus à des particuliers pourront se racheter. S'ils ne peuvent convenir avec leur Maître du prix de leur rachat, le Juge du lieu en décidera, & leur rendra leur liberté en les obligeant seulement de rendre à leur Maître ce qu'ils lui auront coûté. *T. de Pass. art.* 12.

Cette paix durera 24. ans. Le Kam de Crimée & toutes les autres Hordes des Tartares y sont compris sous les mêmes conditions dont j'ai parlé plus haut. *T. de Pass. art.* 20.

VENISE. LA PORTE.

La Forteresse d'Imoschi restera aux Vénitiens, & la Morée aux Turcs. La République possédera en Dalmatie & en Albanie Tiscovatz, Sternizza, Unista, Proloch, Erxano & tous les autres lieux ouverts, fermés & fortifiés, dont elle est actuellement en possession. On tirera une ligne droite de chacune de ces places à l'autre,

Tome I. G g

& tout le Territoire qui s'étendra de-là jufqu'à la Mer, appartiendra aux Vénitiens. Chaque Fortereſſe aura une Banlieuë d'une lieuë priſe ſur les Terres de l'Empire Ottoman ou de la République, ſuivant la Puiſſance à laquelle elle appartiendra. *Traité de Paſſ. art.* 1.

Les Vénitiens ſeront mis en poſſeſſion de l'Iſle de Cerigo dans l'Archipel, & ils conſerveront Butrinto, Preveſa & Voniza. *T. de Paſſ. art.* 3. *&* 4.

On préviendra avec ſoin tout ce qui pourroit cauſer quelque rupture entre les Contractans. On punira tous les vols, violences & brigandages qui ſe commettront ſur leurs frontieres reſpectives. Si les Commiſſaires qui y réſideront, ne peuvent s'accorder ſur quelque différend, on le ſoumettra à l'arbitrage des Miniſtres que la Maiſon d'Autriche, l'Angleterre & les Provinces-Unies tiennent à la Porte. *T. de Paſſ. art.* 8.

Les Contractans pourront rétablir, réparer & munir les Fortereſſes qu'ils possédent actuellement, mais il ne leur est pas libre d'en construire de nouvelles. La Porte s'engage à ne point relever les Forts qui ont été démolis par les Venitiens, & ceux-ci éleveront sur les côtes de la mer toutes les fortifications qu'ils jugeront nécessaires à la sûreté du pays. *T. de Pass. art.* 12.

RAGUSE.

Le neuviéme article du Traité de Carlowitz, entre la Porte & la République de Venise, sera exécuté selon sa forme & teneur. Pour ne point couper la communication de la République de Raguse, avec les Domaines du Grand Seigneur, les Venitiens évacueront Popovo, Zarine, Ottovo, Subzi & les autres lieux voisins. On laissera aussi une libre communication entre les terres de la Porte & de Raguse du côté de la forteresse de Risana. *T. de Pass. art.* 2.

RELIGION.

Les Catholiques Romains joüiront dans toute l'étendue de l'Empire Ottoman, de tous les Priviléges anciens qui leur ont été accordés. Ils s'assembleront dans leurs Eglises, les répareront, & même pourront les rebâtir sans qu'on éxige d'eux aucune contribution pécuniaire, ni qu'on les gêne dans l'exercice de leur culte. *T. de Pass. entre la M. d'Au. & la Porte, art. 11. T. de Pass. entre la R. de Ven. & la Porte, art. 10.*

Les Sujets de la Maison d'Autriche ne feront point molestés en passant sur les Domaines du Grand Seigneur, pour aller en pélerinage dans les saints Lieux. *T. de Com. de Pass. art. 13.*

PAIX DE BELGRADE.

Le Lecteur doit se rappeller qu'étant question en 1733. de nommer un Successeur à Auguste II. qui venoit de mourir, la Cour de Russie fit en-

trer dans le Royaume de Pologne
une armée confiderable, pour appuyer
les demandes & les créatures de l'E-
lecteur de Saxe. La Porte regarda
cette démarche comme une contravention formelle au Traité de Conftantinople du 16 Avril 1712. elle
s'en plaignit, mais par une politique
inconcevable, ne voulant ni en venir
à une rupture ouverte, ni demeurer
fans vengeance, elle permit aux Tartares de faire des courfes dans l'U-
kraine. La Czarine plus prudente,
diffimula cette injure jufqu'au moment
qu'elle put en tirer raifon. Dès que
cette Princeffe vit la paix rétablie
entre la France & la Cour de Vienne, elle fit à fon tour des plaintes, &
n'étant point écoutée, elle déclara la
guerre au Grand Seigneur. L'Empereur Charles VI. qui n'avoit encore
fait aucune réforme dans fes Troupes,
fe hâta de les faire paffer en Hongrie
pour affoiblir les Turcs, en les con-
traignant de partager leurs forces.

Les Ruffes eurent des fuccès, mais
les Autrichiens ruinés, fans s'être

presque présentés devant l'ennemi, se trouverent hors d'état de s'opposer aux entreprises des Infidelles. Le Danube n'étoit plus une barriére capable de les arrêter ; dans ces circonstances le Roi de France vint au secours de l'Empereur, en lui offrant ses bons offices & sa médiation. Le Comte de Wallis entra aussi-tôt en conférence avec le Grand Visir, & le Comte de Neuperg, chargé de suivre cette négociation, signa la Paix dans le Camp des Turcs, sous Belgrade.

On apprit à la fois cette importante nouvelle, & que l'Empereur avoit fait arrêter & enfermer ses Plénipotentiaires. Un évenement si peu attendu, fit craindre pour les conventions de Belgrade ; on crut d'abord que Charles VI. refuseroit de les ratifier, mais ce Prince rassura les esprits par le Rescript qu'il fit publier, & dans lequel il déclaroit son dessein d'observer religieusement tous les articles de la Paix, quoiqu'il punit le Comte de Wallis & le Comte de Neuperg pour avoir eu la témérité

d'étendre leurs pouvoirs , & de con-
trevenir même aux ordres qui leur
avoient été formellement donnés.

J'amais écrit n'a peut-être prêté un
plus vaste champ aux réflexions du
public. Plus les plaintes de la Cour
de Vienne étoient graves , moins les
deux Généraux qu'elle avoit fait arrêter , sembloient avoir besoin d'apo-
logie. On ne concevoit point que
Messieurs de Wallis & de Neuperg,
eussent trahi leur devoir d'une façon
si grossiére , sans avoir songé à se
mettre à l'abri du châtiment qu'ils
méritoient : les uns plaignoient leur
malheur , les autres blâmoient la trop
grande clémence de l'Empereur.
Ceux-ci ne pensoient pas que les affaires de la Cour de Vienne fussent
assés désespérées pour la forcer d'a-
cheter la paix à des conditions aussi
dures que celles de Belgrade ; ceux-
là voyoient déja les Turcs sur la Fron-
tiére de l'Autriche, & regardoient l'a-
bandon de quelques Provinces , comme le salut du reste de la Hongrie.
Enfin on soupçonnoit le Conseil de

Vienne d'avoir voulu une paix néceffaire, mais d'en facrifier les Miniftres à fa réputation, & pour fe juf-
tifier devant la Czarine qu'on abandonnoit.

Cette Princeffe qui craignit de
voir retomber fur elle les Troupes
Ottomanes qui avoient fait la guerre
fur le Danube, fe prêta d'autant plus
volontiers à des propofitions d'accommodement, qu'elle pouvoit fe
flater de faire une paix glorieufe ;
elle fut conclue fous la médiation de
la France, un mois après celle de
l'Empereur, c'eft-à-dire, le 9. Octobre 1739.

MAISON D'AUTRICHE. LA PORTE.

L'Empereur cede Belgrade au
Grand Seigneur, mais toutes les Fortifications de cette Place feront démolies, en y comprenant les ouvrages élevés fur les rives gauches du
Danube & de la Save. La Porte confervera les Arfenaux, les Cafernes &
les Magafins à poudre, & il ne fera
point

point touché aux autres édifices publics ou particuliers. Le Grand Seigneur entrera encore en poſſeſſion de la Fortereſſe de Sabatſch, après qu'on en aura fait ſauter les Fortifications. *T. de Bel. art.* 1. & 3.

La Valaquie Autrichienne, où l'on raſera le Fort de Periſcham, paſſera ſous la domination Ottomane, de même que la Servie & toute la partie du Bannat de Themeſwar qui s'étend du Danube juſqu'aux Montagnes qui ſont au Nord de cette Province, & depuis les Frontieres Occidentales de la Valaquie, juſqu'au Zerna qui ſe jette dans le Danube, vis-à-vis de Semendria. Il eſt arrêté que ſi les Turcs peuvent détourner le cours de ce ruiſſeau & le faire paſſer à l'Oüeſt d'Orſova, cette Place appartiendra au Grand Seigneur ; mais on ne leur donne qu'un an, à compter du jour de la ſignature du Traité, pour conſommer cet ouvrage. *T. de Bel. art.* 2. 4. & 5.

L'Empereur conſervera Meadia, en s'obligeant d'en détruire les Fortifications & de ne les jamais rétablir. Il ne sera permis à aucun des deux contractans de bâtir de nouvelles Forteresses, mais l'un & l'autre pourra réparer celles qu'il posséde actuellement. *T. de Bel. art.* 9.

Le Danube depuis l'embouchure du Zerna, en remontant jusqu'à celle de la Save, & cette riviere, depuis Belgrade jusqu'à Wivar, serviront de Limites aux deux Puissances, & leurs Sujets auront une égale liberté d'y pêcher, naviger & commercer. Les Frontieres Autrichienne & Ottomane resteront les mêmes que par le passé, dans la Bosnie & dans la Croatie, la Cour de Vienne & la Porte s'en tenant à cet égard aux Articles dont elles font convenues par la Paix de Passarowitz. *T. de Bel. art.* 7. *&* 8.

Le Traité de Belgrade contient encore plusieurs autres Articles. Dans les uns on rappelle le Traité de Commerce de Passarowitz, & l'on convient de la Police qui fera observée sur les Frontieres respectives des deux

Empires, pour y entretenir la Paix ;
dans les autres on régle les privileges
dont les Catholiques Romains & les
Sujets de la Maison d'Autriche joüiront sur les Domaines du Grand Seigneur. Je ne m'arrête pas à ces conventions ; elles ne contiennent que
ce qu'on a déja vu quand j'ai rendu
compte des Traités de Carlowitz &
de Paffarowitz.

RUSSIE. LA PORTE.

Dans tous les Actes que la Cour
de Ruffie & la Porte pafferont enfemble , le Grand Seigneur donnera
à Sa Majefté Czarienne le titre d'Empereur. *T. de Belgrade , art.* 12. *Con-*
vention de Conftantinople du 8. *Sep-*
tembre 1741. *art.* 1. Cet Article eft
regardé comme bien plus important
à Conftantinople, que dans le refte
de l'Europe : tout le monde fçait la
différence que les Turcs imaginent
entre la qualité d'Empereur & celle
de Roi. Jufqu'à Pierre I. les Souverains de Ruffie n'avoient porté que le

titre de Czar ou de Grand Duc de Moſcovie. En 1721. les Ruſſes donnerent eux-mêmes à ce Prince, le nom de Pere de la Patrie & d'Empereur de toutes les Ruſſies. Aux yeux des Philoſophes les titres ne ſont que des chiméres ; aux yeux de la multitude & des politiques qui la gouvernent, ce ſont des biens réels. Pierre I. ne ſe qualifia donc plus que d'Empereur, & ſes Succeſſeurs ſont même parvenus à ſe faire reconnoître pour tels preſque par toutes les Puiſſances de l'Europe. A voir combien les hommes ſont les dupes des mots, je croirois que le titre que les Souverains de Ruſſie ſe ſont attribué, eſt pour eux un avantage réel. Dans de certaines circonſtances, il peut devenir le germe de mille prétentions ; quoiqu'on ait eu ſoin d'éxiger des Empereurs de Ruſſie qu'ils n'infereroient de leur qualité aucun droit, aucune prérogative ni aucune prééminence ſur les autres Souverains de l'Europe.

La Cour de Peterſbourg retiendra Aſoff dont elle s'eſt emparée, mais

on en démolira toutes les Fortifications. *T. de Bel. art.* 1. *Convention de
Conftantinople, art.* 3. Lorfque cette
Convention fut fignée en 1741. les
ouvrages d'Afoff fubfiftoient encore.
Il en coûtoit à la Ruffie de dementeler
cette Place qui lui donnoit l'empire
de la Mer Noire. Elle trouvoit tous
les jours quelque prétexte nouveau
pour éluder l'execution de fes promeffes, & les demandes de la Porte.
Ses lenteurs étoient approuvées par
le Confeil de Vienne, qui fe flatant
de pouvoir reparer fes pertes fi on
reprenoit les armes contre la Porte,
étoit bien aife de voir fubfifter une
caufe de rupture, & qu'une paix qui
lui étoit défagréable, ne fut point
confommée. Bientôt la Cour de Peterfbourg eut lieu de fe repentir de fa
politique, la mort de Charles VI. &
de l'Imperatrice Anne Iwanowna,
changea entierement la fituation des
affaires. Les Ruffes ne purent plus fe
parer de la confideration que leur
donnoit l'alliance de la Maifon d'Autriche, pour impofer aux Turcs ; car

la Reine de Hongrie occupée dans le sein de l'Allemagne, ne devoit pas songer à se faire de nouveaux ennemis. D'ailleurs ils étoient eux mêmes menacés d'une guerre de la part de la Suede, & ils craignirent que cette Puissance ne portât le Grand Seigneur à ne plus demander l'exécution du Traité de Belgrade, mais à se venger par la voye des armes des refus qu'il avoit éprouvés jusqu'alors. Heureusement pour la Russie le Grand Visir n'avoit aucun interêt de souhaiter la guerre. Le Comte de Romanzoff signa la Convention que je viens de citer, & qui confirme tous les Articles de la Paix de Belgrade.

Il est permis à chacun des Contractans de fortifier une Place sur le Tanaïs. Les Russes renoncent à la liberté d'avoir des vaisseaux dans la Mer Noire. *T. de Bel. art.* 1. *& 2.*

Le Grand Seigneur défendra aux Tartares de faire des courses sur les Domaines de la Russie; s'ils contreviennent à cet ordre, ils seront severement punis après avoir été forcés à réparer les dommages qu'ils auront commis. Les Tartares de Cubardie ne dépendront ni de la Porte, ni de la Cour de Peterſbourg. *T. de Bel. art.* 4. *& 6.*

Les deux Puiſſances contractantes ſe rendront de bonne foi tous les priſonniers qu'elles ont faits l'une ſur l'autre, à l'exception de ceux qui auront changé de Religion. Les priſonniers qui ont été vendus à des particuliers, feront les maîtres de ſe racheter, en rendant à leurs Maîtres le prix de leur achat. *T. de Bel. art.* 7. *Convention de Conſtantinople, art.* 2.

Fin du Tome premier.

www.ingramcontent.com/pod-product-compliance
Lightning Source LLC
Chambersburg PA
CBHW061107220326
41599CB00024B/3950